7つの資質・能力

教科の本質を生かし資質・能力を育てる授業デザイン

藤井千春
滋賀大学教育学部附属小学校
《著》

明治図書

はじめに

　ここ数年，世の中の大きな変化が目につきます。異常気象，国際関係や経済状況を含めた社会情勢の流動化，私たちの生活を豊かにすると考えられていたものが環境に大きな負荷を与えていることなど，数え上げたらきりがありません。未来が見通しづらい時代になってきました。

　日本国内でも，大きな自然災害が私たちの生活に深い爪痕を残しています。この文章を書いている今も，9月の北海道での地震や近畿地方への台風によって，人々の努力にもかかわらずライフラインは未だに復旧途上です。

　科学技術，特にIT技術の発展が生活を激変させる時代に私たちは生きています。数年前のことが遙か以前の出来事のように感じられます。どのような世の中になるのか（するのか），私たち自身が問われるのでしょう。

　様々な状況の中で，教育が果たす未来への役割，責任はますます大きくなっていきます。特に小学校の6年間は，「子供たちが未来社会を切り拓くための資質・能力」を育成する大切な時間です。

　滋賀大学教育学部附属小学校は「いまを生きる」を基本理念として，心豊かで実行力のある子供を育てることを教育目標としています。私たちは，全教員が各教科・領域で教育の実践研究を行い，その研究結果を公刊図書として出版し，研究成果を世に問うてきました。これまで7冊を数えます。

　平成28年度より「学びの実感により自己を形成する子ども―教科の本質から資質・能力を顕在化させる授業デザイン―」と題して研究を行っています。本年度がその最終年です。子供の資質・能力，すなわち子供自身の自己形成を支える力を学習の中で育成するための授業デザインの在り方について，実践を通して研究してきました。このテーマはこれからも日々進化させていかねばなりませんが，ここに現在までの研究成果をお示しさせて頂きます。本書を手にとって頂けた方々に，何らかのヒントとなりますでしょうか。

　忌憚のないご批判やご意見を頂ければ幸いです。

滋賀大学教育学部附属小学校　校長　磯西　和夫

目 次

はじめに

Chapter1　資質・能力を育む授業づくり

「資質・能力」を育むための「授業」概念の転換
1　「知識基盤社会」の時代 …………………………………………… 8
2　「主体的・対話的で深い学び」 …………………………………… 9
3　「教科の論理」 ……………………………………………………… 10
4　教師の指導性 ……………………………………………………… 12

7つの資質・能力により自己を形成する子供
1　子供の試行錯誤を許容し，その過程で顕在化されるよさを価値付ける …… 14
2　資質・能力の育成と本校が目指す教育の在り方 ……………… 18
3　自己形成を支える7つの資質・能力 …………………………… 20
4　幼児期の教育と7つの資質・能力のつながり ………………… 26
5　資質・能力が顕在化する授業デザイン ………………………… 30
6　資質・能力の育成を支えるオーダーメイドの授業づくり …… 36
7　記録をもとに授業を語る ………………………………………… 40
8　実践編の読み方 …………………………………………………… 42

Chapter2　7つの資質・能力を教科で育む

国語科　言語に対する感覚を磨き，活用力を高める国語科学習

　1　国語科の本質 ……………………………………………………………………… 46
　2　国語科で顕在化させたい資質・能力 ………………………………………… 46
　3　資質・能力を顕在化させる授業デザイン …………………………………… 47
　授業事例1　第3学年　不思議な出来事に注目しながら物語の「ナゾ」を読み解き，
　　　　　　　　　　　感じたことを伝えよう …………………………………… 48
　授業事例2　第5学年　物語のここが面白い！
　　　　　　　　　　　～作品の特色を捉えて読み味わおう～ ……………… 52
　授業事例3　第6学年　解き明かしまSHOW～海の命○○のなぞ～ ……… 56

社会科　確かなる意思を持って，
　　　　　社会に参画する力を育む社会科学習

　1　社会科の本質 ……………………………………………………………………… 60
　2　社会科で顕在化させたい資質・能力 ………………………………………… 60
　3　資質・能力を顕在化させる授業デザイン …………………………………… 61
　授業事例1　第3学年　進化する！　変化する！　昔の道具 ………………… 62
　授業事例2　第4学年　受け継ごう！　先人の努力と苦労 …………………… 66

算数科　協働での学びが問いの解消を促進していく算数科学習

- 1　算数科の本質 …………………………………………………… 70
- 2　算数科で顕在化させたい資質・能力 ………………………… 70
- 3　資質・能力を顕在化させる授業デザイン …………………… 71
- 授業事例1　第1学年　どこたすの　ここたすの　こうなるの …… 72
- 授業事例2　第2学年　新しい計算登場！　その名はかけ算！ …… 76
- 授業事例3　第6学年　斜柱の体積を求めよう ………………… 80

理科　「不思議さ」に触発され，「確かさ」で解き明かす理科学習

- 1　理科の本質 …………………………………………………… 84
- 2　理科で顕在化させたい資質・能力 …………………………… 84
- 3　資質・能力を顕在化させる授業デザイン …………………… 85
- 授業事例1　第6学年　my缶かまどでお湯を沸かそう ……… 86

生活科　自己と関わる生活科学習

- 1　生活科の本質 ………………………………………………… 90
- 2　生活科で顕在化させたい資質・能力 ………………………… 90
- 3　資質・能力を顕在化させる授業デザイン …………………… 91
- 授業事例1　第2学年　いいところいっぱい！　大切にしようみんなの公園　～あったらいいな！　こんな公園　ぼくのわたしの公園づくりシミュレート～ ……………………… 92

音楽科　「楽しさ」や「感動」を共につくりだす音楽科学習

　1　音楽科の本質 ……………………………………………………………… 96
　2　音楽科で顕在化させたい資質・能力 …………………………………… 96
　3　資質・能力を顕在化させる授業デザイン ……………………………… 97
　授業事例1　第2学年　わたしたちの「汽車の音楽」をつくろう ……… 98
　授業事例2　第4学年　友達とリズムでつながろう …………………… 102
　授業事例3　第5学年　ろ組バージョン「キリマンジャロ」の合奏をしよう
　　　　　　　　　　　　………………………………………………………… 106

図画工作科　多様な表現を楽しみ，自分なりの意味や　　　　　　　　価値観をつくりだす図画工作科学習

　1　図画工作科の本質 ……………………………………………………… 110
　2　図画工作科で顕在化させたい資質・能力 …………………………… 110
　3　資質・能力を顕在化させる授業デザイン …………………………… 111
　授業事例1　第1学年　センタくんのおねがい ………………………… 112
　授業事例2　第4学年　マイDOGUをつくろう ………………………… 116
　授業事例3　第6学年　12歳，わたしのメッセージ …………………… 120

家庭科　「よりよくしたい」という願いを形にできる家庭科学習

　1　家庭科の本質 …………………………………………………………… 124
　2　家庭科で顕在化させたい資質・能力 ………………………………… 124
　3　資質・能力を顕在化させる授業デザイン …………………………… 125
　授業事例1　第6学年　感謝の気持ちを伝えるプレゼントづくり …… 126

体育科　仲間とともに想いやイメージを膨らまし，よりよい動きに表す体育科学習

- 1　体育科の本質 ……………………………………………………………… 130
- 2　体育科で顕在化させたい資質・能力 …………………………………… 130
- 3　資質・能力を顕在化させる授業デザイン ……………………………… 131
- 授業事例1　第3学年　つながれ！　みんなの大ジャンプ！ ……………… 132
- 授業事例2　第3学年　「より大きく！」目指せ回転マスター …………… 136
- 授業事例3　第5学年　回転技のパス〔パワー＆スピード＆つなぐ〕…… 140

道徳科　「明日見える景色」が変わる道徳科学習

- 1　道徳科の本質 ……………………………………………………………… 144
- 2　道徳科で顕在化させたい資質・能力 …………………………………… 144
- 3　資質・能力を顕在化させる授業デザイン ……………………………… 145
- 授業事例1　第5学年　命の尊さ「メダカとカダヤシ」…………………… 146

外国語活動・外国語科　英語で伝え合い，異文化の学びから視野を広げる外国語学習

- 1　外国語活動・外国語科の本質 …………………………………………… 150
- 2　外国語活動・外国語科で顕在化させたい資質・能力 ………………… 150
- 3　資質・能力を顕在化させる授業デザイン ……………………………… 151
- 授業事例1　第5学年　Let's coordinate clothes！ ………………………… 152

おわりに

Chapter1
資質・能力を育む授業づくり

「資質・能力」を育むための「授業」概念の転換

1 「知識基盤社会」の時代

　二一世紀は「知識基盤社会」の時代だといわれている。
　「知識基盤社会」は，二〇世紀の「産業基盤社会」，すなわちモノの生産が重視されていた社会と対比される。端的にいえば，新しい知識の創出が重視される社会である。新しいアイディアやコンセプト，価値を発想し，その実現を目指す活動を立ち上げて取り組む能力が要求される社会である。
　「産業社会」では，規格化された製品を設計された方式で効率的に生産することが重要であった。学校教育では，決められた「正解」を決められた「解き方」で，「早く（は）・確実・(か)正確（せ）」に導きだす能力を学力として育成してきた。子供たちに決められた「解き方」を理解・習得させ，決められた「正解」を「早く・確実・正確」に導き出せるよう習熟させてきた。高度成長期の学校では，このような「情報処理能力」の育成が目指された。しかし，二一世紀を生きる子供たちには，現時点では「解き方」が不確定で「正解」が不明な課題に取り組むことが求められる。
　例えば，環境破壊は人類全体の生存に関わっている。環境問題に関しては，現時点で決定的な解決策は見いだされていない。解決のための知識を創出することが課題である。また，グローバル化によってローカルな生活で文化的摩擦が発生している。地域の生活が人々の対立によって危険な状態に陥りかねない。共生のための知識を誠実に創出することが課題である。さらに，現在の職業の大半は人工知能に代替されるといわれる。新しい職業や生き方についての知識を創出し，今後の社会において起業することが課題となる。
　これらの問題には，決定的な解決策は現時点で見いだされていない。しかし，解決しなければ人間の生活の安全や安定が脅かされる。解決のための

「最適解」を創出することが社会的な課題となっている。新しい知識（アイディア，コンセプト，価値観など）を創出し，その実現に向けて取り組んでいく能力を育成することが，「知識基盤社会」の時代における学校教育に求められている。決められた「解き方」や「正解」を理解させて覚えさせるという，前世紀的な学校教育の役割は放棄されなければならない。

次のように考えなければならない。
①知識とは，子供たちが協同的に創出する思想である。
②学ぶとは，知識を協同的に創出する活動である。
③学力とは，知識の協同的な創出に参加・貢献する能力である。

2 「主体的・対話的で深い学び」

第6学年の「社会」で，織田信長を教材として戦国時代についての学習が行われていた。黒板には信長に関する年表が貼られ，肖像画も掲示されていた。子供たちは，年表に示された出来事の内容について確認していた。「えっ！ 弟を殺したの？」「戦いばかりだ」「比叡山焼き討ちは酷いよ」「残酷なことをしている」「でも強いよ。無敵だ」「攻められたらいやだな」「楽市楽座は商人にはよかった」「新しいことが好きだ」「パワハラしたから謀反されたのではないか」など，子供たちは自分なりに感じたことを出し合った。

その後，教師は「みんなは，もし信長に『自分に従え』と言われたらどうする？」と問いかけた。「いやだけど……」「でも攻められたらすぐに潰される」「皆殺しにされるかもしれない」「従った方が身の安全だ」「家来には優しいところもあったらしいよ」「パワハラされたらいやだな」「我慢しないと……」などが出された。そして一人の子供から，「でも，信長に『比叡山に焼き討ちに行け』と命令されたらどうしよう？」という問いが出された。それに対して，「自分が地獄に落ちるよ」「断れるのかな？」「命令に背いたら殺されるよ」「逃げればいい」「すぐ捕まるよ」「家族が人質に取られていたら……」など，命令を断ることの困難さが想像された。

子供たちは，「信長に『比叡山に焼き討ちに行け』と命令されたら……」

という問いに容易に答えを見つけられないだろう。しかし，このようにして子供たちは，戦国時代について「強い者に従っていれば安全かもしれないが，強い者の理不尽な命令にも従わざるを得ない時代」という理解（見方・考え方，概念）を形成した。自分たちなりの戦国時代についての知識が，自分たちの日常的な感じ方を出発点として，友達との対話を通じて創出された。

　そのような知識は，子供たちの日常的な生活に根差した感情が出発点となっている。つまり，自分ごととしての「主体的」な思考によって，また，自分の言葉による友達との「対話的」な協同を通じて創出される。だから「戦争中に国民がなぜ軍国主義国家の政策に反対できなかったのか」など，後の学習での見方・考え方として転移する。さらに将来，組織の在り方と個人の良心とについて考えるための知識となる。「学びを人生や社会に生かそうとする学びに向かう力・人間性等の涵養」が達せられる。将来の社会で生きることに開かれた学びとなる。創出された知識がそのように連続的・発展的に使用できるように，その価値について子供たちに振り返って自覚させること，すなわち「深い学び」となるように支援することが必要である。

　「主体的・対話的で深い学び」は，次のようにして遂げられる。
①日常的な経験を手がかりにして，教材について感じたこと・考えたことを「自分の言葉」で語ることにより，「主体的な学び」となる。
②「自分の言葉」で語り合う中から発生した問いについて考え合うという「対話的な学び」を通じて知識は創出される。
③創出された知識の価値について振り返り自覚することで「深い学び」となり，後の学習や生活で生かされる見方・考え方となる。

3　「教科の論理」

　子供たちが知識を創出するためには，必要な情報や適切な考え方・学び方が提供されなければならない。また，そのための方向性や規準，条件，ルールなどを示すガイドラインが必要となる。

第2学年の「国語」の「スイミー」で，スイミーが見付けた岩陰にいる「そっくりの」魚たちについて，ある子供が「よかった。（兄弟たちが）生きていたのだ」と発言した。その発言をめぐり子供たちは「そっくりの，小さな魚の兄弟たち」という言葉の意味をめぐって，「同じ魚か，別の魚か」で話し合った。ある子供は，「『そっくりの』だから同じではない」と言う。別の子供は，「まだ『見付けた』ばかりだから，どっちともわからない」と言う。さらにある子供は，前の場面に戻り，「マグロは一匹残らず『のみこんだ』のだから，お腹の中で生きていて欠伸やくしゃみをしたときに出ることができる」と発言した。子供たちは教科書の言葉や文を手がかりに考えを出し合った。「『のみこんだ』のだから，お腹の中で生きていて……」という発言は豊富な読書経験に基づく発想である。物語を読むコードとして許容される。子供たちは言葉や文の意味を検討し，それに基づいて「同じ魚か，別の魚か」をめぐって対話的にそれぞれの理解を深めた。このように「国語」の教科の論理に従って教材文についての知識を創出している。
　「算数」では，問題が示している状況やそこでの有効な解き方について，子供たちが「対話的」に理解し合い，解き方についての知識を創出することが目指される。「算数」の教科の論理に基づくとは，子供たちが数やその論理を活用したり，それに従ったりして学習活動を進めることである。
　「特別の教科　道徳」では，子供たちが「考え議論する」ことが求められている。資料や教材に示されている状況について，及びそこにおける行動の可能性について，子供たちが「主体的・対話的」に自分たちの判断を構成することが求められている。つまり，子供たちが道徳に関する自分たちの知識（個々の具体的な状況に即した価値について理解や考え方）をつくりだすことが目指される。この点で学習指導要領に示されている「価値」は，「考え議論する」過程で問題点を整理したり，自分たちの判断を点検したりするための観点である。「価値」を観点として，自分たちの知識を創出することが，「特別の教科　道徳」の論理に基づくことである。
　各教科に蓄積されている情報や考え方・学び方など，従来の意味における

知識は，子供たちが自分たちで新しい知識を創出する学習活動において使用される道具なのである。そして各教科の学習活動では，例えば，「国語」では言葉や文の意味を検討し，「社会」では社会生活の事実を調べて，「算数」では数とその論理を使用して，「道徳」では価値を観点としてなど，学習活動の進め方が設定されている。学習活動において「教科の論理」は，子供たちが知識を創出していくためのガイドラインとして機能するのである。

各教科の学習活動の指導・支援について，次のようにいうことができる。
①教科書に書かれている情報や考え方・学び方は，子供たちが自分たちで知識を創出するために活用させる道具である。
②「教科の論理」は，子供たちが知識を創出するための方向性や規準，条件，ルールなど，その筋道を示すガイドラインである。

4 教師の指導性

教師の役割は大きく変わらなければならない。教師は決められた「正解」や「解き方」を卸し売りする役割から，子供たちによる「主体的・対話的で深い学び」をプロデュースする役割へと転身しなければならない。

具体的には次のような役割が期待される。

❶ファシリテーター

子供たちが自分たちで知識を創出する学習活動は，子供たちが教材に関する情報について，自分自身の日常的な生活経験に基づいて感じたことを率直に出し合うことから始まる。教師の役割は，教材の切り口を工夫して，ブレーンストーミング的に思考を活性化し，それぞれの子供が感じたことを「自分の言葉」で率直に出し合えるように促すことである。

❷コーディネーター

教師は，子供たちから「自分の言葉」で出された多様な感じ方から，相互のズレや対立点を見つけ出し，それを疑問や問いとして子供たちに投げ返す。

そのように論点を明確にして考え合うことを方向付ける。時には,「だったら,先生はこう考えるのだけど」など,子供たちを挑発する。また,一人の子供が重要なことを語った場合など,「今,○○さんが言ったこと,みんな分かった？」など,立ち止まって考えさせたり確認したりする。さらに「みんなが言いたいことは,〜ということなのかな？」など,子供たちの言葉で,自分たちで発見したかのように結論をまとめる。子供たちの発言を整理する・方向付ける・確認する・まとめるなどの役割である。

❸サポーター

　教師は子供たちの「主体的・対話的」な学びをプロデュースするとともに,自分たちなりの知識を創出したことを価値付けなければならない。その後の「学びに向かう力・人間性等の涵養」に連続するように,子供たちが創出した知識の価値を評価することが役割となる。学習活動についての「振り返り」を書かせた上で,「このように自分の考えが深まったのだね」「調べてみてまだまだ奥が深いと分かったのだね」「○○さんの意見を聞いて少し考えが変わったのだね」など,あるいは「この考え方は後の時代の学習でも使えるから大切にしておいてね」「今の時代にも同じことがあるかもしれないよ。大切な気付きだよ」など,教師はその子供の学びが「深まる」ように価値付けて励ます。評価には,それぞれの子供に個性的な可能性を示し,そこに向かおうとする学びへの意欲と自信を「深める」という目的がある。

　教師の役割は,決められた知識を理解させ記憶させることではない。子供たちによる知識の創出を誘導し,そのような学習活動を自分たちで「主体的・対話的」に学びを遂げた経験として「深める」役割を負うのである。

【参考文献】
・藤井千春『アクティブ・ラーニング授業実践の原理』（明治図書）
・藤井千春『問題解決学習入門』（学芸みらい社）

早稲田大学　教育・総合科学学術院　教授　藤井　千春

Chapter1
資質・能力を育む授業づくり

7つの資質・能力により
自己を形成する子供

1 子供の試行錯誤を許容し,その過程で顕在化されるよさを価値付ける

❶浸りきり,試行錯誤が許容される環境をつくる

　6月のある土曜日。学校に遊び場を増やそうという思いから,琵琶湖の形をイメージした「ケンパロード」を有志の親子と教師とでつくった。学校の敷地にあるアスファルト一面に,様々な色のペンキやスプレーを使って円やイラストなどを描き,これまでの殺風景な場所が大きく様変わりした。

　月曜日,登校してきた子供たち。こちらが期待していたとおり,「すごい」「面白そう」と目を輝かせ,「ケンケンパ,ケンケン……」とさっそく遊ぶたくさんの姿を見ることができた。そんな中,予想していなかったこともあった。「えーっ,誰がしたん!?　こんなことしていいの……」という言葉がけっこう聞かれたことである。高学年だけでなく,低学年の子供たちからも聞かれたことは驚きであった。その場の状況に触発され,心や体が躍りだし,感嘆や行動で表現することよりも,「それをしてもよいのか,してはいけないのではないだろうか」と抑制的な反応を示してしまう姿がそこにはあった。

　この姿が生まれた背景に目を向けると,子供の問題というよりも,我々大人が考えるべきことが明らかになってくる。「もっと〜したい」「こんなこともできるかもしれない」と自ら動きだすようなワクワク感よりも,「何をしてはいけないのか」という思いが先立ってしまうような状況,環境の中で子供たちは育ってきてはいないだろうか。そんな課題意識を持ってみる必要があると思うのである。「○○しなさい」「□□するといいよ」「△△してはいけません」と教師からの発信が続くと子供たちはその枠組みの中でしか考えなくなる。逆に小さな枠にとらわれないダイナミックな経験をした（やりた

いことにどっぷりと浸りきれる時間と場所を保障された）子供たちは，心の中に「だったら，こんなことも」と新しい挑戦に向かう「たくましさ」が育まれていく。

　では，我々にできることは何だろうか。その一つに「あれもこれもと」詰め込まれたカリキュラムを見直していくことが考えられる。
・学校としてどんな子供を育てようとしているのか。
・核となる，じっくりと取り組ませたい学習活動は何なのか。
・各教科等において，ねらいが重なったり，つながったりしている部分はないか。

　上記のような視点をも持って，子供の育ちにとって本当に大切なことを描きだし，そこにじっくりと時間をかけることができるようにしていく必要があると考える。また「～させなければ」「～なさい」といった教師の姿勢が見えた瞬間に，画一的で受け身の学習になってしまう恐れがあるということも肝に銘じておきたい。子供の中に問いが醸成されるのを待ち，試行錯誤を許容する教師のかまえ。顕在化される子供のよさを見付け，価値付けようとする目。子供の資質・能力を育て，よりよいカリキュラムをつくっていくためには，同じ方向を向いて歩みを共にする教師集団でなければならない。

　子供の育ちを長いスパンで，系統立てて育てていくことができる学校にしていくことを目指して，本研究を進めていきたいと考えたのである。

❷学びの過程で顕在化される子供のよさをとらえる

　第5学年のハードル走の学習の1時間目。「走は走でも，100m走などでは感じられない面白さがあるんだよ」と伝え，ラダーを使った易しい場所で，一定のリズムが繰り返しやってくる心地よさを味わうことから学習を始めた。そしてインターバルや高さを変えて設定した8つのコースで，「自分にとって心地よいリズムが感じられるコースを見付けてみよう」と投げかけ，繰り返されるリズムに着目しながら，自分の身体と対話する時間をとるようにした。授業の終盤T君がにこにこした顔でやってきて，一言。

「目をつぶってもいけたよ」
　危ないと一蹴してしまうこともできたが，これまでも自分なりのこだわりを持って，違った視点で物事を切り取り考えようとしてきた彼である。「どういうこと？」と問い返し，詳しく聞いてみることにした。すると自分のリズムを言葉にしたこと，それを口ずさみながらやってみると体が動きやすかったこと，間が一定だからきっといけるはずと思って試してみたくなったことなど，T君なりの運動との接点が見えてくる。T君は決して運動の技能が高いわけではない。華麗なプレイで仲間を魅了するようなことは難しいだろう。でも，身体操作の感覚と向き合い，これまでの経験や既有知識と結び付けながら自分なりの問題解決を楽しむ姿は仲間のモデルとなり，学びを活性化するきっかけとなったのである。また自分の動きの感じを言語化することなどは，ハードル走だけでなく，体育科の様々な単元で繰り返し大切にされるべき方法であると考えることができる。決して技能が高くない彼が，単元を通して，繰り返し繰り返しハードルに挑み続けた姿は忘れられない。
　ここで考えておきたいのは，「タイムが速かったか遅かったか」といった結果だけを見ていたのでは，T君のよさに立ち止まることができず，学びに乗りだす姿も生まれなかったのではないかということである。
「あっ，そういうことか」
「○○の時と同じように考えると……」
「だったらこんなこともできるかもしれない」
と自分なりの方法で自信を持ってアプローチしていくたくましさをも持った子供。指示を待つのではなく，自ら問題を見いだし，そこに迫っていこうとする子供。そんな目指す姿を考えたときに，T君の姿が教えてくれるものがある。それは何気ない子供らしい動きだし，対象への迫り方の中に，その教科をより深く学んでいく鍵が埋め込まれていることがあるのではないかと問うこと。そして教師がそこに光を当て，本気で価値付けること。そんな教師の関わりが，子供の能動性を育てるということである。
　教科ごとに子供が向き合う対象（材），そこへの着眼点は異なる。また課

題を解決するためのアプローチの仕方も異なる。だとすると，私たちが何気ない子供の姿に価値を見いだすためには，その教科の本質を知っていなければならないのではないか。そのような思いから，教科の本質の徹底した描きだしを研究の柱に据えたのである。

「どうしてこの学習をしているの？」と問われたときに，自分の課題意識や今後の見通しについて自信を持って話すことができる。「この教科で大切なことは……」と自分なりの教科観を伝えることができる。そんな子供の姿が生まれることを願って。

❸子供たちの「今」を見つめる

　子供たち一人一人が自分らしさを発揮して，豊かで幸せな人生を送ってほしい。そのための資質・能力を育てていくことが，本研究の目指すところであることは疑う余地はないだろう。ただ，考えておかなければならないのは，子供が将来生きていくために必要だからという理由で，資質・能力だけを取り出して，トレーニング的に育成できるものでは決してなく，学ぶ喜びを実感できるような学習活動を通して，結果として育むものであるということだ。今している授業が，その子の，その子らしさとしての育ちをどのように支えていくのか。子供たちは本来よい学び手としての資質・能力の萌芽を持っているはずである。私たちにできることは適切な学習の場をデザインし，その顕在化を促し，育てていくことだろう。子供たちの中の資質・能力が育っていくことは，つまりその子の人間としての育ちと捉えたいのである。

（中川　大介）

2　資質・能力の育成と本校が目指す教育の在り方

❶10年後，20年後の社会を生きる子供の今

　平成29年度に，新学習指導要領が告示され，これからの教育の在り方が具体的に示された。そのキーワードの一つが「資質・能力の育成」である。子供たちの今を見つめ続ける我々だが，さらに，その先に見据えておかなければならないのが，子供たちの「10年後，20年後の世界を生きる姿」である。「資質・能力の育成」が謳われるようになった背景には，この「10年後，20年後の社会」の在り様がこれまでの我々が経験してきたものとは，大きく異なることが高い可能性で示されているからである。現在の社会は，「知識基盤社会」「多文化共生社会」「情報化社会」（国研2014）などと言われるように，より複雑で，短時間，超空間的に人と人とが関係し合う社会に変化している。「仮想通貨」に象徴されるように，これまで汗して働くことで得てきた富の在り方が，仮想空間での数字のやりとりで乱高下する状況にある。また，AIの開発が進み，将来的にAIや機械が代替することができる可能性が高い職業が49％（情報通信白書　2017）という状況も報告されており，今の子供たちが就業する頃には，約半数以上が現存しない職業に就くということも予測されている。子供たちが生きるこれからの社会は，より高度に複雑化されたものとなっていくことは，確定的なものだといえよう。

　これらのことを踏まえたとき，単に覚えておくだけの知識を伝達していく教育は，もはや，あまり意味を持たず，「唯一絶対の正解は存在せず，その状況における最適解をその都度自力で，あるいは多様な他者と協働して生みだすべく，『知識を豊かに活用する資質・能力』」の育成を掲げる近年の教育界の提言は必然的なものといえる。これからの社会を担う子供たちを育てていく視点を今一度問い直し，「10年後，20年後を見据えた子供の今」を捉え直していくことが大切である。

❷今こそ，地に根を張った教育実践を

　本校は，「いまを生きる」を教育の基本理念に据え，「心豊かで実行力のある子供」を教育目標として，長い間，目の前の子供たちの姿から教育研究を積み重ねてきた。先人たちが，積み重ねてきた教育実践を振り返ってみたとき，描く子供の姿として学歴社会に準ずる張りぼての知識をため込むだけの人間像は，一欠片も見られず，一人一人の子供の中に

いまを生きる

息付くよさや可能性を引きだし，子供自身の中に自在に根を張り，粘り強く伸びやかに「いまを生きる」姿を具現化するものばかりであることが分かる。

　各方面からの要請と今の社会状況から語られる教育の在り方を見たときに，今の教育の在り方が間違っているかのような錯覚に陥りそうになるが，本校では，これまでもそして現在も一貫して，「いかなる状況にも対応し得る『いまを生きる力』」を子供たちに育ててきたと言える。

　しかし，「附属の存在意義」が問われ，附属学校の在り方が「エリート養成校」と揶揄される近年において，本校の子供たちの姿をもう一度問い直したときに，「そんなことは，知っている」と，言葉だけをつなぎ合わせた知識を披露できるが，実際の場面でそれをどのように生かし，改変していくのかを求められたとき，押し黙ってしまう姿が見られることも事実である。

　本校がこれまで積み上げてきたものと子供たちの姿に見られる課題とを鑑みたとき，唱えることがステータスとばかりに，「振りかざすための知識」を与える教育現場ではなく，子供たち一人一人が，「自分の人生をよりよく，そして力強く生き抜く力を確かに備える」ことができる教育現場で在り続けたいと強く思うのである。

　そのような思いに基づき，本研究では，これからの社会に生きる子供たちにどのような力を育てるべきなのか，その力を資質・能力として捉え直すことで，本校教育の在り方を提言していくことにした。

3 自己形成を支える7つの資質・能力

❶自己実現できる学校

　本校は，教育目標を達成するための学校の姿として「わたしが生きる学校＝自己実現ができる学校」を掲げている。「自己実現」とは，子供が自分たちの「こうなりたい」「こうしたい」という願いを持ち，その願いを実現させるために様々な資質・能力を用いて，行動化，具現化していくことである。子供が自己実現を可能とするために，教師はその姿を見守り，支え，生き生きと活動し得る環境を用意したり，関係を支えたりしていく必要がある。この子供の姿と教師の姿の両輪が相互にかみ合い駆動したとき，自己実現できる学校が具現化されると考える。つまり，日々の学校生活の中で，自己実現を可能とする願いの発生やその実現に動こうと資質・能力を生かす場面が多くあり，その場面との出会いが自己実現を促していくのである。

❷授業で子供が育つ

　子供たちが自己実現をしていくためには，自己実現をし得る自己形成が欠かせない。自己実現は，自らが動かないことには為し得ないからだ。ここでいう自己形成とは，「子供たちが自己実現に向かう願いを持ったり，実現のための資質能力を生かしたりできる自分を形成していくこと」である。では，子供たちはどのような場面で自己形成をしていくのだろうか。

　それは，日々の授業である。学校生活の大半を占める授業においてその場面が保障されないことには，自己形成の場面が非常に限られたものになる。学校において，子供は授業で育つ。そのためにも，授業の中で，「自己実現を可能とする願いの発生やその実現に動こうと力を生かす場面」に多く出会っていくことが大切になる。

　本校では，平成28年度からの3年間，子供の自己形成を支える授業の在り方を研究してきた。その研究から見えてきたことを以下に述べる。

❸自己形成を支える7つの資質・能力

　まず，子供の自己形成を支える力について述べる。自己形成を支える力を明らかにするためには，自己形成の方向としての人間像を明らかにしておかなければならない。本校では，目指す子供像として「心豊かで実行力のある子供」を掲げている。その心の豊かさや実行力という部分に焦点を当てて，自己形成に必要な力を議論した結果，次の7つの資質・能力を描きだすことができた。

心豊かで実行力のある子供と
自己形成を支える力

(1) ふかめる力（探究力，主体性，課題設定力，計画実行力等）

　対象との出会いに魅力を見いだし，その対象が包含する新しい世界に踏みだすための自分なりの切り口を発見し，その切り口から問いを創出させながら，対象の魅力をとことん探り続ける力。

(2) みきわめる力（情報収集・編集・活用力，論理的・批判的思考力等）

　多様な「ひと・もの・こと」との関わりから情報を集め，関連付けたり多様な視点から考えたりして，よりよい方法を吟味・検討し，情報を適切に処理しながら合理的・論理的に議論を深めて妥当性を明らかにする力。

(3) つたえあう力
　　（コミュニケーション力，言語運用力，対話力・傾聴力等）

　相手の想いを受けとめながら，自分の考えと他者の考えを比較したり関係付けたりしながら聴き，その場に合った言語や方法を選んで，自分の考えを分かりやすく伝える力。

（4）ととのえる力（自律性，自己調整力，自他理解力等）
　自分の「強み」「弱み」を踏まえて，自分に合ったやり方を選択し，成長や課題解決の見通しを持って行動調整をしながら，粘り強く取り組んでいく力。

（5）つくりだす力（創造力，感受性，発想力，表現力等）
　既存の考えに捕らわれずに物事に目を向けて，新しい方法や考えを求めて，物事の美しさや巧みさに，素直に感動しながら多様な表現の仕方を工夫し，柔軟に描きだす力。

（6）つながる力（共生的な態度，人間関係形成力，協調性等）
　相手の立場や環境を踏まえて，喜びを共有したり失敗や間違いを受容したりしながら相手との関わりを肯定的に受けとめ，自分の思いや考えとの折り合いをつけて関わっていく力。

（7）ふりかえる力（内省的な思考，自己内対話力等）
　物事との関わりによって生まれる自分の変化や自分にとっての物事の価値を見つめ，考えや方法，選択してきた過程を振り返り，今後の生活やよりよく生きることとつなげて考える力。

　これらの7つの力を本校で育てていく「自己形成を支える7つの資質・能力」（以降資質・能力）とした。これらの資質・能力を授業でどのように育てていくのか。どの資質・能力も各授業において生かされ得るものばかりである。しかし，それぞれの教科の特性と照らし合わせていくと各教科の特性をよりよく伸ばし得る資質・能力があることに気付く。そこで，教科特性とベストマッチする資質・能力を明らかにすることで，各授業でよりよく伸ばしていくことができるのではないかと仮定し，それぞれの資質・能力を育成するための授業デザインを探ってきた。

❹教科の本質と教科で育てる資質・能力の関係

　各教科でよりよく伸ばし得る資質・能力を明らかにするためには，各教科の特性を明確にしなければならない。いわゆる「教科の本質」である。教科の本質とは，その教科が持つ固有の見方・考え方に立脚した知識・技能・価値の体系である（奈須2017）。例えば，第1学年の図工で，色紙を渡して好きなように破らせる。びりびりに破いた色紙を目の前にした子

「ドラゴンだよ」
洗たくばさみをつなげて見立てる

供たちは，ある瞬間からその形に着目していく。すると，「恐竜みたい」「これは，魔女だよ」「先生，へびだぁ!!」と様々な形をした色紙から子供たちなりの世界に見立て，表していくのである。ここには，図工の見方・考え方が働いている。これが，理科の時間だったらどうなるだろう。「なぜ，この紙はこのような破れ方をしたのだろう」「破るときの力加減なのだろうか」「それとも，紙の厚さなのだろうか」となっていく。このように，同じ材を対象にしたとき，それぞれの教科によってその材に対する迫り方が変わってくる。この違いこそが教科の本質を如実に表している部分である。

　この教科の本質と7つの資質・能力の関係はどうであろうか。もちろん，「ふりかえる力」や「つたえあう力」「みきわめる力」なども関わっているが，この時間における図工の本質的な部分である「見立て」という作業には，既存の考えに捕らわれずに物事に目を向けて，新しい方法や考えを求めて，物事の美しさや巧みさに，素直に感動しながら多様な表現の仕方を工夫し，柔軟に描きだす「つくりだす力」が顕著に顕れている。ここに，教科の本質と7つの資質・能力の関係を見いだすことができる。

　そこで，教科が持つ本質的な部分と7つの資質・能力の関係についての議論を深めていき，教科の本質を生かしてよりよく伸ばし得る資質・能力を明らかにした。以下に具体化されたものを示す。

【各教科でよりよく伸ばし得る資質・能力】

教科名	7つの資質・能力	資質・能力の具体
国語科	つたえあう力	友達との捉えの差に気付く力
		違いの根拠を明確にし，言語操作の感覚を養う力
社会科	ふかめる力	学習問題を設定し，主体的に解決する力
	みきわめる力	正しい事実認識をもとに，論理的・批判的に考える力
	つたえあう力	合理的に意思決定した事柄を他者に向けて発信・提案する力
算数科	ふかめる力	事象のもつ規則性や構造を捉える力
		解決方法を客観的に見つめ直す力
理科	ふかめる力	「確かさ」を求めて，自然の実物・現象に働きかける力
	みきわめる力	事実と事実をつないで説明できる力
生活科	ふかめる力	関わる力
	みきわめる力	
	つながる力	
	ふりかえる力	自分の成長に気付く力
音楽科	つながる力	音楽を介してつながる力
	つくりだす力	よりよい音楽を追求する力
図画工作科	つくりだす力	新しい意味や価値を創造していく力
	ととのえる力	自己決定を繰り返し，自己実現していく力
家庭科	つながる力	自立を目指しよりよい家庭生活を実践する力
体育科	ととのえる力	自分（認知）と体（操作）の声を聴き（効き）合う力
	つながる力	他者から学ぶ，相手を生かす力と自分を捉える力
特別の教科 道徳	ふりかえる力	共感する力
		自分の考えと比べる力
		自己を見つめる力
外国語活動・外国語科	つたえあう力	相手の気持ちを尊重しながら，英語で伝え合おうとする力

❺学習で資質・能力が育つ瞬間とは

　では，学習の中で，資質・能力が育つ瞬間とはどのようなときなのだろうか。私たちは，そもそも資質・能力は，子供たち自身の中に元々備わっているものであり，知識・技能のように０からスタートするものではないと考えている。現に，対象に関わっていこうとする姿は，０歳児にも見られる姿であり，「見立てる」という行い一つをとっても，幼稚園段階の子供にもできることである。では，我々の言う授業で資質・能力を育てるということは，どのように捉えていったらよいのだろうか。

　私たちは，学習の中で，「資質・能力が顕在化している姿」こそ，子供の資質・能力が育まれている瞬間だと仮定した。学習過程の中で，それぞれの力を生かしている姿，使っている姿を繰り返し表出させることで，その有効性や価値が認識され，資質・能力が育まれていくと考えたのである。

　そこで，学習の中で「資質・能力が顕在化している姿」を引きだしていく手立てを考えることにした。例えば，音楽科で「つながる力」を顕在化するためにはどうすればよいだろうか。音楽科では，音楽を介して表現者と聴き手がつながったり，表現者と表現者がつながったりする姿を目指している。そのためには，互いにリズムをたたき合ったり，そのリズム同士の関わり合いを考え合ったりする場やそれに合った音楽教材の設定が必要となる。互いにつながり合う関係調整やリズムを表出するものに子供が関わっていける環境調整も必要となる。

友達とリズムの関わりを考え合う

　このことから，資質・能力が顕在化する授業を「互いの関わり」や，「探究の過程」，「自分の見つめ方」，「関係や環境調整」の視点からデザインしていくことにしたのである。

　　　　　　　　　　　　　　　　　　　　　　　　　　（柳　哲平）

4 幼児期の教育と7つの資質・能力のつながり

❶学びのつながりと学校段階間のつながり

　資質・能力を育むためには，各教科の学びについて，他教科での学びへつなげたり，前学年までの学びからつなげたりするなど，タテとヨコのつながりを生かした上で教科の本質に根付いた，質の高い学びが求められる。このような学びは，教師が目の前の子供たちをしっかり捉えることによってデザインされていく。当然ながら，よりよい児童理解はどの教師にとっても大切にされてきたところであり，子供たちの積み重ねてきた力や願いに根付いた学びの実現が，様々な工夫をもって目指されてきた。

　しかし，そのような今日の学校教育においても，児童理解についての一つの問題として，「学校段階間の接続」という視点の欠如が指摘される。特に小学校の教師は，入学時点の子供たちを何も知らないまっさらな存在として捉えがちであり，子供たちの就学前の育ちを重視しない傾向にある。例えば，1年生を担任する教師は，アサガオを栽培する1年生についてあたかも初めて自然に触れ合うかのように考えがちであり，「幼児期にも自然との関わりがあった」と捉える視点は抜け落ちる場合が多い。このような児童観の不全を防ぐために，小学校の教師には，目の前の子供たちを「小学校入学時点から連続した姿」として捉えるのではなく，「幼児期から連続した姿」として捉える力が求められる。つまり，小学校教育では，「子供たちの資質・能力をゼロから育てる」と考えるのではなく，「幼児期に育まれた資質・能力を伸ばす」と考え，学びをタテにつなぐ視点が必要なのである。なお，学習指導要領の改訂においても，学校段階間の接続は強調されている。

　今日の学校教育では，教科個別の学びではなく，教科や学年のみならず，学校段階をも越えた学びによって，資質・能力を育成していかなければならないのである。

❷幼児期の力と児童期の力のつながり

　学校段階を越えた学びの実現に向けて，教師には，幼児期に育まれた資質・能力をしっかり捉え，育んでいく指導が求められる。

　この挑戦のヒントになるのが，新しい幼稚園教育要領等に示される「幼児期の終わりまでに育ってほしい姿」であろう。これは，主に５歳児後半の時期に見られるような，幼児期にふさわしい遊びや生活を過ごす中で育まれている幼児の姿である。その内容は10項目で構成されており，「（１）健康な心と体」「（２）自立心」「（３）協同性」「（４）道徳性・規範意識の芽生え」「（５）社会生活との関わり」「（６）思考力の芽生え」「（７）自然との関わり・生命尊重」「（８）数量や図形，標識や文字などへの関心・感覚」「（９）言葉による伝え合い」「（10）豊かな感性と表現」として，幼児の具体的な姿が示されている。到達すべき目標としての姿ではないが，幼稚園の教師は，このような発達の方向を意識して，環境づくりに取り組んでいる。したがって，小学校の教師は，この「幼児期の終わりまでに育ってほしい姿」を手掛かりにすることで，幼稚園の教師と子供の姿を共有することができる。

　本校では，「幼児期の終わりまでに育ってほしい姿」を共通の視点として，子供の姿をもとに，幼稚園の教師と交流している。この視点を持って，幼稚園の教師と小学校の教師が保育や授業を互いに参観し合ったり，参観した子供の姿を語る交流会を実施したりすることで，互いの実践や実態に対する理解が深まり，指導力の向上につながる。また，本校で描き出した７つの資質・能力についても，小学校教育から育てようとするのではなく，幼児期に育まれた力からのつながりを大切にしている。幼児期からのつながりをしっかり捉えることは，子供たちが持つ資質・能力への理解を深め，よりよい児童理解や指導の明確化につながる。

　例えば，幼児期からの資質・能力のつながりとして，次のような事例が考えられる。

❸ 海賊ごっこに見られる材料の見立て

前項で触れた「見立てる」という行為が，幼児期の遊びの中でよく見られる。ビニールを海に，芯材を双眼鏡に見立てて海賊ごっこをして遊ぶ子供たちは，遊びの対象や材料の魅力を見いだし，進んで関わっている。ここでは，教師が環境として与えた色紙や青いビニールを操作し，折り紙をして「イカがいるよ」と伝えたり，しわを作って「波がきた」

「あっ！ こんなところにイカがいるよ」

と楽しんだりする姿が見られる。これらの姿には，ふかめる力やつくりだす力がうかがえる。このような力を身に付けた子供たちは，例えば小学校図画工作科における土粘土遊びの場でも，土粘土にどんどん親しみ，多様な表現を工夫していくだろう。つまり，幼児期に伸ばしたふかめる力やつくりだす力が顕在化され，児童期にも育まれていくのである。

❹ 電車屋さん遊びに見られる仲間との関わり

幼児期の遊びの中でも，仲間と豊かに関わる姿が見られる。段ボール箱を使って電車を作っていた子供が「お客さん」を求めて仲間と関わっていく姿や，「ぼくも電車の運転がしたいな」「それじゃあ，途中で交代するね」のように話し合う姿からは，つたえあう力やつながる力がうかがえる。このような力を身に付けた子供たちは，例えば小学校生活科に

「あの駅に着いたら，ぼくがお客さんだね」

おける仲間と一緒に学校を探検する場でも，自分の行きたい場所を仲間に伝え，相手との関係や行動を調整していくだろう。つまり，幼児期に伸ばしたつたえあう力やつながる力が顕在化され，児童期にも育まれていくのである。

これらの姿で例示したように，幼児期に遊びを通して育まれる資質・能力

は，児童期に育みたい資質・能力につながっている。この力については，「豊かな感性と表現」や「協同性」等，「幼児期の終わりまでに育ってほしい姿」の内容を手掛かりにすることで，小学校の教師と幼稚園の教師の間でも，価値を共有することができる。小学校の教師にとっては，この手掛かりから幼児期に目指されていた方向や経験を理解することで，より深い児童理解の実現が目指せる。もちろん，「幼児期の終わりまでに育ってほしい姿」についても7つの資質・能力についても，その要素が個別に扱われるものではないが，子供の力を描きだす助けになる。入学当初に限らず，他の時期や教科指導においても，学校段階を越えて子供の力のつながりを捉えることが，子供や教科内容への理解を深め，よりよい指導につながるのである。

❺幼児期の教育と小学校で目指す姿をつなぐ

　幼児期から児童期につながる学びの実現に向けて，小学校の教師は，小学校での学びや生活には，就学前の学びや生活が基盤として存在することを意識しなければならない。子供たちにとって，この学びや生活は連続しているものであるため，学校段階間においても円滑に接続される必要がある。よって，特に入学当初については，スタートカリキュラムの編成等，円滑な接続を意識した指導が求められる。幼児期には遊びを中心にした生活を通して一体的な資質・能力の育成が行われてきたことを鑑み，生活科を中心とした合科的・関連的な指導や弾力的な時間割の設定を工夫し，安心して主体的に活動できる環境を整えることが大切である。

　そのような指導を目指す際には，幼児期の姿と目指すべき姿の両方を踏まえて工夫することが大切である。幼児期の姿の理解については，前述の「幼児期の終わりまでに育ってほしい姿」や保育の参観が役立つであろう。子供たちの実態をしっかり捉え，資質・能力等を手掛かりに目指すべき姿を描き出すことで，学びが円滑につながる指導が実現されるのである。

（西嶋　良）

5 資質・能力が顕在化する授業デザイン

❶授業デザインの視点

　本校教育研究を藤井千春先生に指導を賜りながら進めていくことになった背景には，藤井先生の考える「アクティブ・ラーニング」の視点と，本校教育が目指す「学びの実感による自己形成」の授業デザインの視点とに，通ずるものがあったからである。

　藤井先生の著書『アクティブ・ラーニング授業実践の原理　迷わないための視点・基盤・環境』において，「学ぶとは，自分の生活や生き方の向上的変化の意識，自分についてのアイデンティティの成長の意識が結果として伴う活動です。」と記されている。「自分についてのアイデンティティの成長を意識する」その瞬間こそが，「子供たちが学びを実感し，自己を形成する」瞬間であると捉えられるのである。

　このような姿を目指して授業デザインを考えたとき，藤井先生は次の３つの視点を挙げられている。

---

①探究的に学ぶこと
　　子供たちに「わからせ，覚えさせる」のではなく，わからなくさせ，考えさせ，判断させる。

②コミュニカティブに協同的に学ぶこと
　　個人で個別に達成させるのではなく，チームで取り組ませて達成させる。

③反省的に自分の学びについて振り返りながら学ぶこと
　　子供に知識・技能を習得させるのではなく，自分の変容（成長）を自覚させる。

この３つの視点を捉え直し、「探究的な学習過程」「協働の在り方」「内省の在り方」を授業デザインの視点として設定した。

❷探究的な学習過程

　子供が資質・能力を顕在化させて学ぶためには、教師が定めた正解に向かってスムーズにたどり着くような学習だけをしていてはいけない。対象に対して「自分事の問いを持って、考え、判断する（試行錯誤・自己決定）」する具体的な文脈が必要である。

　こうした探究的な学習過程を子供たちがたどって活動していけるように、まず、各教科の視点で「探究的な学習過程」を描き、それを生みだすための指導の重点について探ってきた。その結果、各教科が指導の重点として掲げたものが次ページの表である。

　この表をみると、子供の思いやこれまでの生活経験を引きだしながら、対象との間に生まれる問いを大切にしている点からも、学習課題（問題）の設定が非常に大切であることが分かる。どの教科も学習課題を一方的に教師から与えるのではなく、「課題はいつも子供の気付きから」という姿勢を持って授業をデザインしている。子供たちがインフォーマルな部分から問いを見いだし、その問いの解決を目指して学びを深めることで深い意味理解を伴い、いろいろな経験と結び付いた真に使いこなせる知識の獲得へとつながっていくと言える。

　探究的な学習過程を生みだすための授業をデザインしていく際に、どの教科においても次の４点を要件として掲げている。

①子供の経験や生活とのつながりをもたせる。
②子供の自己決定を促し、認める。
③答えが１つに定まらない問いを学習の中心に据える。
④子供の思考の流れに基づいたストーリー性がある。

【探究的な過程を生みだす指導の手立て】

国語科	○単元を通して言語活用力の変容や成長が自覚できるようにする。 ・言語能力を自覚する導入や発展的な場 ・言葉の捉え方やつなげ方などの多様な捉えと出会う機会
社会科	○生活経験と社会的事象のギャップを認識できるようにする。 ・生活経験とギャップのある社会的事象との出会いを通した学習問題の創出 ・資料や人々の言葉に基づいて論理的・批判的に思考した事柄を発信・提案する機会
算数科	○課題や条件の提示の仕方を工夫し，誰もが課題解決に向かえる土台を整える。
理科	○子供の中に湧き上がってくる自然事象に対する疑問を学習の中に位置付け，更新しながら明らかにしていくようにする。 ・学習内容を包含する問題設定とあこがれや意外感をもつ自然事象との出会い ・事実と捉えを往還させ，問いを更新する自然事象との出会い
生活科	○「対象に直接働きかける活動」と「表現する活動」に繰り返し取り組む学習活動を設定する。
音楽科	○「楽しい」「感動」につながる問いの共有と試行錯誤のある学習過程を工夫する。 ・学習過程で用いた「音楽を形作る要素（拍，リズム，音符など）」の明示 ・リズム遊びなどの素地活動による基礎的な力の蓄え
図画工作科	○自分らしい表現を粘り強く追求する機会を保障し，表現の質を高められる場を設定する。 ・表現したことに納得し満足感を得た子供の姿の価値付け
家庭科	○生活を見つめ直し，よりよく変えたいという願いを課題につなげ，解決を目指す学習過程を工夫する。 ・日常生活の身の回りのことに関する子供の疑問や願いを取り上げた課題の設定 ・相手を意識したオリジナルレシピや作品を交流できる場の設定
体育科	○予備運動で積み上げた「できそうな自分」を主運動に結び付ける。 ・遊びを通して，「できそうな自分」との出会いを生みだす
道徳科	○教材の内容や道徳的な価値の判断を「自分のこと」として考えられるようにする。 ・教材と経験をつなげる単元構成
外国語活動・外国語科	○自分の言いたいことをどのように表現するかを追究する活動を仕組む。 ・伝えたい思いが生まれる具体的な活動の設定 ・関心のあるものや生活に関わる場面の活用

❸協働の在り方について

　協働的に学ぶことにおいて大切にしたいのは、『自分一人で学ぶよりも、仲間と学ぶことによって、その学びが深まり、より大きな達成感や充実感が味わえる』経験を蓄えていくことである。

　仲間とともに協働することは、他人任せにして頼りきることやできる子が一方的に助言することではなく、相手も自分も高まるという互恵的な関係が大切である。同じ目的を持ち、その集団に貢献することが自分を育て、自分を育てることが集団に貢献するという経験を、繰り返し積んでいくことによって、仲間がいるから、仲間と一緒だから自分も成長していけるのだという実感を持つことにつながっていく。

　こうした実感を伴った協働を子供たちの中に生みだしていくには、教師はどのような指導の工夫をしていくべきか。指導の手立てとして各教科が大切にしたい視点や工夫をまとめたのが次ページの表である。

　子供たちに達成感や充実感を味わわせるために、各教科が掲げている視点を、協働的な学びの要件として、下の3つにまとめた。これらを意識して授業づくり、学級づくりをしていくことが、学びを深めるための協働を支える重要な要件となる。

仲間と一緒だから自分も成長していける

①協働の場で交わされる言語の質に注目する。
②考えるために用いられる自分自身の心の中の言葉を、交流する場でも通用する言葉へと変換する活動を大切にする。
③信頼感・安心感の醸成。

【協働を生みだす指導の手立て】

国語科	○言語に対する自己の捉えや考えの形成過程が明らかになる交流を仕組む。 ・異なる視点で読み進めたり，書き進めたりしてつくり上げられた友達の表現に触れさせる
社会科	○子供たちの生活経験や学習過程における思考の可視化と全体での共有の場を仕組む。
算数科	○捉えた規則性や構造をお互いに価値付けることで，捉えの偏りや不十分さを解消する。
理科	○自然の事物・現象に対する考えのずれや事実の見取りの違いが明確になるようにする。 ・自然の事物・現象の捉えの表出（イメージ図，グラフ，表など） ・自然の事物・現象に対する捉えのズレを確かめ合う活動を仕組む
生活科	○気付きの広がりや深まりを生む交流の場を設定する。 ・自分の気付きに対する他者からの承認が得られる場の工夫
音楽科	○一人一人が認められた実感を得られるような「聴く・聴き合う場」を設定する。 ・お互いの声や音が聴き取れる場づくりの工夫
図画工作科	○鑑賞活動や共同製作を仕組む。 ・造形要素を手掛かりにして，仲間と対話する場の設定 ・試行錯誤しながら，多様な表現を生みだす機会の保障
家庭科	○多様な方法に気付き，自分に合った実践につながるようにする。 ・他者との役割分担など，実際の家庭生活を意識した活動の設定
体育科	○自分や仲間の動きを捉えるための方法を工夫する。 ・競争，模倣，練習，戦術やポイントの気付き等を言語化した仲間との関わり ・変容を評価し合うための数値，映像，教具等による動きの可視化
道徳科	○仲間との対話を通して，様々な価値観と出会えるようにする。 ・自分の意見を視覚的に表す工夫 ・考えの相違を話し合い価値観を共有する場の設定
外国語活動	○仲間との対話を通して，コミュニケーションのよさを味わえるようにする。 ・言葉を使う必然性のあるやりとりができる場の設定 ・コミュニケーションの方法を繰り返し試行できる単元構成の工夫 ・活動形態に変化をつけ，たっぷりと表現に慣れる時間の保障

❹内省の在り方について

　いくら子供たちが資質・能力を顕在化させながら，密度の濃い学習をしたとしても，やりっ放しでは，子供の中に蓄えられることのないままに忘れ去られてしまう。「どんな問題に対してどのように解決できたのか，何を考え試したのか，誰と関わりどんなことに気付いたのか」を表すことによって，

学んだ内容や学ぶために用いた方法を自覚することにつながり，それが次にも使用できる道具として子供に定着するのだと考えている。

【内省を生みだす指導の手立て】

国語科	○言語の捉えに対する自分の立場を明らかにし，友達との違いを明確にした上で，自己の変容を客観視できるようにする。
社会科	○現実の社会を形成している事象との関わりを具体的かつ継続的に学習過程の中に位置付ける。 ・自分自身を客観的に学習前後で対比させることによる自分自身の立ち位置の明確化
算数科	○子供が十分に自力解決に向かい，新たな考えを自発的に得ようとする機会を保障する。
理科	○探究の方法や理科の見方や考え方の高まりを自覚していけるようにする。 ・学びの過程を一連のつながりでつかむことのできる記録の工夫
生活科	○具体的な手掛かりを学習に位置付け，成長を実感できるようにしていく。 ・絵や文，写真を用いた振り返り ・仲間から賞賛を受けたり幼稚園児と関わったりする機会の設定
音楽科	○音楽の「楽しさ」や「感動」を実感し，学びを共有し認め合う場を設定する。 ・楽しさや感動に至った経緯や理由について振り返る機会の保障 ・演奏という形での再現
図画工作科	○交流や鑑賞活動，共同で表現する活動を効果的に取り入れ，仲間の表現から自分の表現を見つめ直すことができるようにする。
家庭科	○自分のできるようになったこと（成長）を自覚し，自立につなぐようにする。 ・家庭や地域で実践したことを共有する場の設定 ・家庭での振り返りの充実 　（アドバイスや感謝の言葉によるフィードバックを含む）
体育科	○対象となる動きと自分との関係，自分の変化を語れるようにする。 ・オノマトペや気付きの対話等，子供の発する「運動の言葉」の見取りと活用
道徳科	○自分との対話を促し，これからの自分につなげることができるようにする。 ・心の内面にポイントを当てた問いかけ，役割演技 ・自己を見つめる時間（書く活動）の設定
外国語活動	○コミュニケーションが豊かになったり，積極的になった自分に気付いたりできるようにする。 ・コミュニケーションを通して学んだことなどを自分の言葉でまとめる時間の設定

（小西　敦）

6　資質・能力の育成を支えるオーダーメイドの授業づくり

❶一人一人の子供たちの今を知る

　授業計画のスタートは，目の前の子供たち一人一人の今の姿を知ることである。これまでの学習で，どんな学び方をしてきたか，どんな力を付けてきたか……など，大まかな中ほどの子供たちの様子ではなく，一人一人の学習の状態や性格・興味等，生活全般の状態に至るまで，丁寧に見取ることを大切にしてきた。それは，大切な一人一人の子供をあずかる学級担任，授業を行う教師として当然のことであるが，目の前の子供たちのために授業を計画する上で，欠かせないことであることを再確認したい。その中で，「配慮を要する子」がどの学級にも存在するのであるが，その子供たちには特に次のような見取りを重要視している。

（1）学びに向かう困難さの見取り

　一人一人が持つ困難さ（課題・特性）を様々な場面から見取る66項目のチェックリストで評価した。これによって個人として，どんな偏りがあるかが見えてきた。

★「からだ」「動き」「生活」（視力，聴力，感覚過敏，微細・粗大運動，姿勢保持，身辺自立）に困難さがないか，4段階で評価

★「ことば・学習」（構音，聞く，話す，会話，読む，書く，計算する，推論する）に困難さがないか，4段階で評価

☆「行動・社会性」（注意集中，多動性，衝動性，対人関係やこだわり）に困難さがないか，3段階で評価

★「その他」（自己肯定感，学習への意欲・構え，発達遅滞の程度，学級集団環境）に困難さがないか，4段階で評価

（2）学びの中で輝く可能性の見取り

　課題と可能性は表裏一体という考えの下，各教科の授業中の様子や休み時間等の様子から，一人一人のよさや得意分野を見取るよう，心がけた。資質・能力を引きだすという観点からも，子供たちの内に秘める可能性を見いだそうとする教師のポジティブで受容的な見方は，授業を計画する上でも，実施する上でも大切な視点であると考える。

　可能性の見取りの例
- こだわりが強い→１つの疑問に対して徹底的に追究しようとする。
- 既習の内容を活用したり，組み合わせたりして，多様な考え方をすることが難しい→ワンパターンの行動を速く身に付け，繰り返す力がある。

（3）専門家・アドバイザーによる見取り

　H29・30年度には，文科省指定の発達障害に関する教職員等の理解啓発・専門性向上事業（発達障害の可能性のある児童生徒等に対する教科指導法研究事業）に関わって，２名の特別支援アドバイザーが年間を通して，全学級の子供たちを巡視し，各学級担任と連携を図りながら，専門家の視点で，発達特性等について，見極めた。専門的・客観的な視点から見ることで，また新たな子供の側面が見えてきた。

❷「配慮を要する子」のよさが生きる授業デザイン

　学級全員が学習に参加・理解・習得・活用・探究できる授業にするために，「配慮を要する子」のよさや得意分野が生きる授業を計画した。そうすることで，課題を補い，強みに変えていけると考える。またそれは「この子がいるから，この授業！」と自信を持って展開できる単元（題材）構成であり，目の前の子供たちのためのオーダーメイドの授業である。

❸「なるほどサポート」による授業デザイン

　授業の中で,「配慮を要する子」の困り感が現れないように,つまずかないように,しっかりと授業計画の前段階で見取った子供の姿を具体的にイメージして,授業中の手立てを考えた。特別支援アドバイザーが,その手立てを「なるほどサポート」と名付けた。「この子には,このサポートがやっぱり必要！　なるほど！」という手立てである。この「なるほどサポート」には,学級全員にも有効な手立てになるものと,「配慮を要する子」にのみ有効な手立てがある。

（1）環境調整のためのなるほどサポート

　子供が快適に学習に向かっていけるように,学びの場（学習環境）に関する手立てを考える。❶で見取った課題・特性の★に関するサポートにあたる。
（例）
・気が散らないように,邪魔なものや不必要なことをなくす。
　　　　　　　　　　　　　　　　　　　　　　　（刺激量の調整）
・見るべきポイントを絞れるように,教材を工夫して提示する。　（焦点化）
・最終目標に向かう道筋を視覚的に分かりやすく示す。　（時間の構造化）
・「コーチズ・アイ」（すばやい動きがチェックできる）等のアプリを利用して,学習中の子供の様子を記録し,振り返りに活用する。　（視覚化）
・個別支援の時間を確保する。　　　　　　　　（個別の合理的配慮）
・学級全体の気付きを分かりやすく板書する。　　　　　　（共有化）
・事実を明確に提示し,思考を促す。　　　　　　　　　　（共有化）
・交流した内容を学級全員が見られるようにする。　　　　（共有化）

（2）関係調整のためのなるほどサポート

　子供同士が関わる場面で,安心感を保てるように,対人関係に関する手立てを考える。❶で見取った課題・特性の☆に関するサポートにあたる。

（例）
・話し手・聞き手の役割を整理する。　　　　　　　　（場の構造化）
・少人数のグループを意図的に編成する。　　　　　　（場の構造化）
・交流や「一人学び」の提示をもとに，学び方を選べるようにする。
　　　　　　　　　　　　　　　　　　　　　　　　（場の構造化）
・一人一人の顔が見えるようにして，つながりや一体感を感じられるようにする。　　　　　　　　　　　　　　　　　　　　　　（場の構造化）
・教師が，子供同士の話し合いの中に入り，つなぎ役をする。　　（仲介）
・子供の発言内容を受容的に認め，価値付けをする。
　　　　　　　　　　　　　　　　　　（個人に対する学級内の理解促進）
・素直な思いやつぶやきを大切にすることで，自由な雰囲気で交流を楽しめるようにする。　　　　　　　　　（個人に対する学級内の理解促進）

❹「そこそこ目標」という視点

　授業後の研究会で，なるほどサポートの有効性について議論する中，本時の最終目標まで行き着けなかった子供が話題に挙がった。「もっと適切なサポートがあれば，本時の最終目標を達成できたのではないか」という意見の一方で，「あの子にとっては，限界までやりきっていて，あれ以上，集中して頑張らせることは，逆効果なのではないか」という意見があった。
　今後，それぞれの子供に応じて，「このあたりで，充分なのではないか」という様々な段階の目標，個の実態に応じた「そこそこ目標」なるものを検討していく必要があると考えている。

　　　　　　　　　　　　　　　　　　　　　　　　　　（三野　環美）

7　記録をもとに授業を語る

❶ "授業記録を取る"という行為が意味するもの

　学校という教育が営まれている現場において，ある仮説を立て，それを検証・検討すべく研究を進める際に，必要不可欠なものがある。それは，"指導者と子供たちとが紡ぎだす"授業である。それらの授業は，短期間で構築された未成熟なものではなく，少なくとも数カ月前から構想が練られ，指導者が数々の試行錯誤を繰り返した延長線上に位置付くものである。

　一方で，指導者がデザインした授業，またその単元構想の中に置かれた子供たちの存在を忘れてはならない。それは，教育における主体は常に子供であり，授業においては，その成長が表出しなければならないからである。そう考えたとき，授業とは，"指導者と子供たちとの真剣勝負が繰り広げられる空間"であるといえる。つまり，その空間における指導者と子供たちとのやりとりを克明に記録し，それをもとに研究会に臨むことが，指導者に対する最低限の礼儀である。

❷授業のおおよそを再現する手掛かりとしての記録

　授業後に行われる研究会を想定した場合，それぞれが独自に記録し持ち寄った"授業記録"をもとに，その授業に対する質疑応答や協議がなされる。つまり，授業を参観した全ての教師が，その授業の全体を把握し，指導者と子供たちとの"実際のやりとりをもとに授業を語る"ということが必要になる。そうすることにより，研究会における発言が，指導者への断片的な指摘や個人の単なる感想に陥るという事態を未然に防ぐことができる。

（1）"子供の発言"を記録する

　先述したように，授業を，"指導者と子供たちとが紡ぎだす"ものと捉えると，その中で行われる子供たちの発言を一つ一つ丁寧に拾い上げるという作業が必要になる。授業を記録するという行為は，過ぎゆく時間軸との勝負

であるため，簡略化した言葉として記述してしまう場合が多いのではないだろうか。それでは，授業を参観している意味がない。簡略化した言葉は，言わば，参観している"大人"が自己の様々なフィルターを通して操作を加えたものであり，その時点で抽象的な言葉となってしまう。

　子供の発言を記録する際に大切なことは，その発言を"大人"の言葉に変換せずに，子供たちが使った言葉をそのままに記述することである。子供の発言には，その子なりの理由やその発言が表出した背景が内包されている。つまり，子供の発言を丁寧に記録し，ひもといていくことが，子供が抱える生活経験や生活体験をもとにした学びを知る手掛かりとなるのである。

(2) "発言""つぶやき""コメント"を記録の軸に据える

　授業を参観する教師が，研究主題や研究仮説，指導案などと，実際の授業とを往還しながら，つぶさに記録を取っていく。その授業記録の形式については，様々なものが実践として報告されているゆえ，ここでは対象としない。

　その授業をもとに研究を推し進めると考えたとき，3つの視点を軸に記録を取る方法がある。1つ目は，(1)で論じた"子供の発言"である。2つ目は，授業において子供たちが口々に発する"つぶやき"である。3つ目は，それらに対する記録者としての教師の"コメント"である。ここでいう"コメント"とは，"子供の発言"や"つぶやき"に対する"解釈"でもある。これらが有機的に連関することで，協議がより深まりのあるものになるのである。

　日頃から多くの子供たちと接している我々教師自身が，子供が発する言葉を敏感に捉え，その言葉から何を読み取ることができるのかという意識を持ち続けることが何より重要である。

　　　　　　　　　　　　　　　　　　　　　　　　（伊勢田　直亮）

8　実践編の読み方

　ここまで，本校が研究していること，そして，それを踏まえて各教科で大切にしている視点について論じてきた。ここからは実際の授業場面を通して紹介していきたい。今回，実践事例を書くにあたり，意識した点がいくつかある。本項では，それらを解説することで，私たちの思いがより鮮明に伝わり，本書を読んでいただく方にとって少しでも活用しやすいものとなればと考えた。
　特に注目していただきたい2点について紹介する。

❶学習評価について
　2020年に完全実施される新学習指導要領の評価観点は「知識及び技能」「思考力・判断力・表現力等」「主体的に学習に取り組む態度」の3つである。そこで，完全実施を見据え，この3観点で評価規準を整理することとした（ここでは，各教科の視点で，観点ごとの規準を示している）。

❷実践紹介について
　まず押さえておきたいのは，左右どちらの欄においても教師視点で記述している点である。学習活動は，授業のねらいの達成に向け精選された，どれも欠かすことのできない活動であるべきだ。その一つ一つにどのような意図を込めているのか，そして，それらの活動や手立てがどのように探究・協働・内省に作用し，資質・能力の顕在化に向かっていくのか等，授業をデザインした教師の意図を詳しく伝えたいと考えたからである。また，右欄には，目の前の子供たち「一人残らず全員」の授業とするために，特別支援の視点から意識したことも記述している。

　これらを踏まえ，次項以降をお読みいただければ幸いである。

（北沢　和也）

第3学年　読むこと領域「もうすぐ雨に」

授業事例1

不思議な出来事に注目しながら物語の「ナゾ」を読み解き，感じたことを伝えよう

顕在化させたい資質・能力　◇つたえあう力

1　教材の特質と学びの深まりを生む単元構想の工夫

> 領域名・教材名

「ぼく」が小さな蛙を助けたことによって聞こえ始める○○者を媒介として動物の言葉が聞こえるようになるファンタジー作品である。次々と起こる不思議な出来事に「なぜ？」と心を弾ませたり動物たちの世界に想像を膨らませたりと，「ぼく」の変化や成長を楽しく読み進めることができる魅力的な教材といえる。

> オリジナル学習名

> 本学習を通して，よりよく伸ばし得る資質・能力
> （P22 参照）

○○らの素直な感想や反応から生まれた問いを「読○○○上げ，個々に探究していく学習過程を仕組んだ。○○○ナゾを解決するために必要な学習方法を考えたり，○○○習材を選択したりするなど，学習の進め方を計画する時間を設けた。また，自分の状況に応じて一人学びとペア学習・グループ交流の時間を選べるシステムを保障したことで，個々で探究を進める一方で，必然性のある交流の場が生まれ，ナゾを読み解く根拠（ヒント）を獲得したり，自分の読みと比べて何度も考え直したりする様子がみられた。自分のナゾについて根拠をもとに解明したり，多様な読みと出会い，新たな捉えに気付いたりする中で，ファンタジー作品の魅力に気付き，考えの変容や

> 本学習が子どもにとって資質・能力が顕在化する（よりよく伸ばし得る）ものとするために指導者が意識した点を述べている。（探究的な学習過程・協働・内省を生みだすための手立て等）

心がけた。また，多様な読みや新たな捉えの価値付け，交流内容が一目で分かる板書の工夫，必要な情報の視覚化，学習環境の整備などに努めた。

3 学習目標

主人公に起こる不思議な出来事やそのきっかけ、場面の移り変わりに着目しながら、出来事に対する主人公の様子や段階的な変化、物語の構成を読み取り、作品に対する自分の考えを持つことができる。

4 学習評価

知識及び技能	思考力・判断力・表現力等	主体的に学習に向かう態度
・不思議な出来事による主人公の段階的な変化や現象の繰り返し、物語の仕掛け、個性あふれる登場人物の存在、一人称で語られる視点などの特徴的な魅力を捉え、自分の考えをまとめている。	・各場面の出来事や場面の移り変わりとともに登場人物の行動や心情の変化に着目しながら読み、物語の面白さについて自らの読みの課題を追究したり考えを交流したりしている。 ・それぞれの考え方や捉えの違いに触れ、自分の読みを広げたり深めたりしている。	・物語の中で起こる不思議な出来事に関心を持ち、作品の面白さを考える中で、自らの問いを見いだし、答えを追究しようとしている。 ・問いを解決するために学習形態を選択し、様々な学び方や読み方を取り入れようとしている。

5 学習計画（全9時間）

第1次 「読み解きたいナゾ」を決定し、物語を読み進めよう（3時間）
・物語の「面白い」「もっと知りたい」を見付けて感想を書く。
・物語の「なぜ？」を交流して「読み解きたいナゾ」をつくる。
◎自分の「読み解きたいナゾ」
第2次 「読み解きたいナゾ」
☆1：自分の「読み解きたい
☆2：みんなの困り感を話し
　（児童の実態に応じて
・異なるナゾの友達と「読み
◎読み解いた答えをもとに交流し、物語の面白さをまとめる。
第3次 「読み解きたいナゾ」の解明から学んだことを振り返ろう（1時間）
・最後の感想を書き、単元を通して身に付いた力や学び方を振り返る。

> 「◎」
> 次ページで、実践紹介している時間。紹介する2時間は、単元の中で、特に資質・能力の顕在化が見られた授業を選んでいる。

6 第3時間 「わたしの

> 教師の視点で，何をねらいとしてどのような学習活動を仕組むのかについて述べている。

1. 自分が選んだ「読み解きたいナゾ」とその理由を交流し，自分のナゾに応じて解決に向けた学習の進め方を考えるという目的意識を持たせる。

2. 既習の学びを参考に，自分のナゾを解決するために必要な学習方法を選んだり手順を考えたりしながら，ナゾに応じた計画を

○みんなの「読み解きたいナゾ」を再確認し，各自のナゾの解明が物語の更なる面白さにつながる可能性を伝え，ナゾ解決への意欲喚起と見通しにつなげる。

○☆既習の学びを生かし，順序を表す言葉を示した計画書を用いて活動を進める手順や解決への道筋が明確になるようにする。

□★個人の状況や困り感に応じて，ペア学習・グループ交(流を)選択し，友達との相談(を通)して自分の計画書作成(する)ように促す。

(活)動のよさや違いに注目(し，目)的に応じた学習方法と(して)整理し，多様な考え(に)更新，新たな学びの価(値につ)なげる。

(学習)に必要な学習シートの(学習)ツールの種類などの要(求に)固々に分化した学びの(を図)る。

> 左欄に書いた学習活動や手立てが子供のどのような部分に作用して，どのように資質・能力の顕在化に向かっていくのかを述べている。
> その中で，
> 　○……探究的な学習過程を生みだすもの
> 　□……協働を生みだすもの
> 　◇……内省を生みだすもの
> 　　　　　　　　　　　　　　　とする。
> また，特別支援の視点から，どの子供も安心して学習に向かえるようにするために
> 　★……学習環境を配慮したもの
> 　　　（環境調整）
> 　☆……子供の安心感を保つよう配慮したもの（関係調整）
> 　　　　　　　　　　　　で示している。

Chapter1　資質・能力を育む授業づくり

Chapter2
7つの資質・能力を教科で育む

> 国語科

言語に対する感覚を磨き，活用力を高める国語科学習

1 国語科の本質

　有意義な伝え合う活動を通して"友達の多様な捉え方"に触れることで，既存の自己の言語に対する感覚を磨き更新していく教科が国語科である。

　言葉の使い手自身は，「適切に表現できたか」や「正しく理解できたか」について，自分では客観的に判断することが難しい。それゆえ，「なるほど分かりやすい」と理解してもらったり「僕も同じところが重要だと読んだよ」と後押ししてもらったりするなどの"他者との対話"が，言語に対する感覚を磨く上でも，言語の活用力を高める上でも重要になる。"他者との対話"を経て，言葉の使い手としての自己肯定感を高めることができる。

2 国語科で顕在化させたい資質・能力

❶捉えの差に気付く力（つたえあう力）

　比べながら聞いたり多様な捉え方を分類しながら聞いたりして，友達と自分との捉えの違いに気付く力。

❷違いの根拠を明確にし，学びを深める力（つたえあう力）

　問い返し合う活動を通して違いを生む根拠を表出させ，自分にはなかった言葉の捉えやつなげ方の魅力に気付いて，考えを形成し深める力。

　自分とは異なる読みの捉えや言葉の使い方に「はっ」とし，「なぜ違うの？」という主体的な問いを明らかにする過程で，「ほほー，なるほど！」と腑に落ちる実感を伴ってこそ，既存の言語感覚を更新できると考える。

3 資質・能力を顕在化させる授業デザイン

❶単元を通して言語活用力の変容や成長が自覚できる探究的な学習過程

　導入段階で既存の言語能力を自覚できる場を設定しておくことで，学習を通して変容した自己の表現に伸びを見いだすことが可能になる。

```
          ①既存の言語能力を確認できる「導入」
  ┌─        「一言で言うと○○な話。そう思った理由は〜」
  │       ②捉えの違いに気付き，「学習課題」をつくる。
 変          「関心があるところが違うから根拠を聞いてみたい」
 容      ③学習材を吟味し多様な捉えと出会う「展開」
 の          学習材を吟味し言葉の捉え方やつなげ方，こつを見付ける。
 自          →交流して捉えや関係付け方を増やす。
 覚
  └─▶   ④学びを生かし高めた言語能力を自覚する「発展」
            「○○さんの読み方も使ってお気に入りの本を紹介したい」
```

❷友達の「多様な捉え方」に触れて考えを深める協働の在り方

〈友達に聞いてもらう協働〉
　友達に納得してもらえることで自己の捉えの正しさが得られる。
〈考えを持ち寄る協働〉
　不完全な考えを持ち寄って話し合い，考えの形成過程を明らかにする。
〈友達の表現に触れる協働〉
　自分と異なる視点で読み進めたり書き進めたりしてつくり上げられた表現に触れ，これまでの自分にはなかった言葉の捉えを獲得する。

❸自己の変容を見つめる内省の在り方

　自分の立場を明らかにし，友達との違いを明確にした上で吟味・検討する場を準備することが変容の気付きにつながる。新たな価値を見いだしている姿を意識化できる声かけにより，学びの深まりを自覚できるようにする。

第3学年　読むこと領域「もうすぐ雨に」

授業事例1

不思議な出来事に注目しながら物語の「ナゾ」を読み解き，感じたことを伝えよう

顕在化させたい資質・能力　◇つたえあう力

1　教材の特質と学びの深まりを生む単元構想の工夫

　本教材は主人公「ぼく」が小さな蛙を助けたことによって聞こえ始める〈チリン〉という鈴の音を媒介として動物の言葉が聞こえるようになるファンタジー作品である。次々と起こる不思議な出来事に「面白い！」「なぜ？」と心を弾ませたり動物たちの世界に想像を膨らませたりしながら，「ぼく」の変化や成長を楽しく読み進めることができる魅力的な教材といえる。

　そこで本単元では，児童たちの素直な感想や反応から生まれた問いを「読み解きたいナゾ」として取り上げ，個々に探究していく学習過程を仕組んだ。その際，一人一人が自分のナゾを解決するために必要な学習方法を考えたり，学習シートやツールなどの学習材を選択したりするなど，学習の進め方を計画する時間を設けた。また，自分の状況に応じて一人学びとペア学習・グループ交流の時間を選べるシステムを保障したことで，個々で探究を進める一方で，必然性のある交流の場が生まれ，ナゾを読み解く根拠（ヒント）を獲得したり，自分の読みと比べて何度も考え直したりする様子がみられた。自分のナゾについて根拠をもとに解明したり，多様な読みと出会い，新たな捉えに気付いたりする中で，ファンタジー作品の魅力に気付き，考えの変容や学びの深まりの実感につながった。

2　学びの深まりを支える教師の出番

　各自の困り感や現状の読みを把握した上で，相手に応じた助言や指摘，交流相手の紹介，新たな学びの全体共有など，個々に分化した学びへの対応を心がけた。また，多様な読みや新たな捉えの価値付け，交流内容が一目で分かる板書の工夫，必要な情報の視覚化，学習環境の整備などに努めた。

3 学習目標

　主人公に起こる不思議な出来事やそのきっかけ，場面の移り変わりに着目しながら，出来事に対する主人公の様子や段階的な変化，物語の構成を読み取り，作品に対する自分の考えを持つことができる。

4 学習評価

知識及び技能	思考力・判断力・表現力等	主体的に学習に向かう態度
・不思議な出来事による主人公の段階的な変化や現象の繰り返し，物語の仕掛け，個性あふれる登場人物の存在，一人称で語られる視点などの特徴的な魅力を捉え，自分の考えをまとめている。	・各場面の出来事や場面の移り変わりとともに登場人物の行動や心情の変化に着目しながら読み，物語の面白さについて自らの読みの課題を追究したり考えを交流したりしている。 ・それぞれの考え方や捉えの違いに触れ，自分の読みを広げたり深めたりしている。	・物語の中で起こる不思議な出来事に関心を持ち，作品の面白さを考える中で，自らの問いを見いだし，答えを追究しようとしている。 ・問いを解決するために学習形態を選択し，様々な学び方や読み方を取り入れようとしている。

5 学習計画（全9時間）

第1次　「読み解きたいナゾ」を決定し，物語を読み進めよう（3時間）
・物語の「面白い」「もっと知りたい」を見付けて感想を書く。
・物語の「なぜ？」を交流して「読み解きたいナゾ」をつくる。
◎自分の「読み解きたいナゾ」の解決に向けて学習の進め方を考える。
第2次　「読み解きたいナゾ」を解決し，物語の面白さを伝えよう（5時間）
☆1：自分の「読み解きたいナゾ」の答えを探し，自分の考えをまとめる。
☆2：みんなの困り感を話し合い，お互いの解決のヒントを見付ける。
　　　（児童の実態に応じて，1時間の中に☆1・2の活動を随時確保する）
・異なるナゾの友達と「読み解きたいナゾ」の答えを交流する。
◎読み解いた答えをもとに交流し，物語の面白さをまとめる。
第3次　「読み解きたいナゾ」の解明から学んだことを振り返ろう（1時間）
・最後の感想を書き，単元を通して身に付いた力や学び方を振り返る。

6 第3時間 「わたしのナゾ解き計画書をつくろう」

1. 自分が選んだ「読み解きたいナゾ」とその理由を交流し，自分のナゾに応じて解決に向けた学習の進め方を考えるという目的意識を持たせる。

2. 既習の学びを参考に，自分のナゾを解決するために必要な学習方法を選んだり手順を考えたりしながら，ナゾに応じた計画を考えるように促す。

みんなでつくった「読み解きたいナゾ」

3. 学習方法や活動の意図を伝え合い，自分の計画の振り返りと次時への見通しを引きだす。

○みんなの「読み解きたいナゾ」を再確認し，各自のナゾの解明が物語の更なる面白さにつながる可能性を伝え，ナゾ解決への意欲喚起と見通しにつなげる。

○☆既習の学びを生かし，順序を表す言葉を示した計画書を用いて活動を進める手順や解決への道筋が明確になるようにする。

□★個人の状況や困り感に応じて，一人学びとペア学習・グループ交流の時間を選択し，友達との相談や確認を通して自分の計画書作成に生かせるように促す。

□◇個々の活動のよさや違いに注目しながら目的に応じた学習方法と活動の道筋を整理し，多様な考え方や方法の更新，新たな学びの価値付けにつなげる。

○☆ナゾ解決に必要な学習シートの内容や学習ツールの種類などの要望を聞き，個々に分化した学びの支援に備える。

7 第8時間 「物語の面白さのナゾを解明しよう」

1. 前時での交流をもとに多様な読みや捉えを知るよさを思いだし、全体交流を通して物語の更なる面白さを見付けるという目的意識を持たせる。

2. 「ぼく」と動物たちとの関わりを中心に不思議な出来事の結末と理由を交流しながら「ぼく」の変化を捉え、物語の面白さの再発見につなげる。

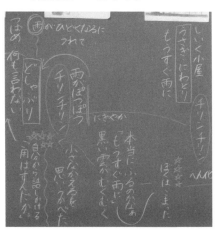

物語の構成や変化から魅力が見える板書

3. ナゾの解決によって再発見した物語の面白さを振り返り、学びの深まりを自覚させる。

○様々な視点の考えやその違いに触れながら、新たな読みを獲得したり物語の面白さや特色を見いだしたりするという課題を意識付ける。

□★☆必要に応じて、ペア学習やグループ交流を取り入れながら交流の活性化を図り、交流内容を見直せるような板書の工夫を心がける。

○□「ぼく」が不思議な出来事を信じていく過程や動物たちの気持ちに寄り添う変化をバロメーターで示したり、「チリン」という音や動物たちとの関わり、雨の関係に注目したりすることで、不思議な出来事の終結理由や「ぼく」の成長に触れ、すべてのナゾの関連やファンタジー作品の魅力への気付きにつなげる。

◇交流を踏まえて自分のナゾの答えを捉え直したり、再発見した物語の魅力をまとめたりすることで自己の成長に気付かせる。

(橋詰　加奈)

第5学年　読むこと領域「わらぐつの中の神様」

授業事例2

物語のここが面白い！
～作品の特色を捉えて読み味わおう～

顕在化させたい資質・能力　◇つたえあう力

1　教材の特質と学びの深まりを生む単元構想の工夫

　本教材は、「現在―過去―現在」という額縁構造をとった作品であり、時間の行き来や、それに伴う場面の飛躍的な転換など、これまでに児童が読んできた物語とは一味違った面白さがある。また、雪国を舞台に描かれた作品は、まっすぐな心、純粋な心、思いやりの心など、目に見えない心の在り方が、複数の人物を通して描かれている。それらの人物の性格やものの見方・考え方は会話や行動からつかみやすく、優れた叙述に着目しながら人物の心情や情景を想像豊かに読むことに適している。方言・比喩・擬態語・擬声語・情景描写・色彩語などの表現や文章の構成や展開も工夫されており、読者をひきつける工夫も散りばめられている。こうした作者の書きぶりについても学ぶことができる。

　そこで本単元では、物語を味わうために、今までの学びを振り返り、その中から読みの観点を自ら見いだし、選択（学習シート・方法・形態等）しながら学習課題を追究する学習を中心に位置付けた。自分の学習計画に従って読みを追究し、他者（同じ観点・異なる観点で追究した友達）へとアピールする必然性のある交流を仕組んだ。読みの違いやズレから異なる考え方や捉え方に出会うことで、新たな視点を獲得したり、考えをより深めたりすることができる姿への発展を期待し、単元全体を構想した。

2　学びの深まりを支える教師の出番

　学習課題に応じて学習が分化していくため、個に応じた学習支援を意識した。主な役割は、「つなぐ」ことである。学習者同士の相互交流の促しや、学習の目的の明確化、個々の発見の構造化・焦点化に努めた。

3 学習目標

　登場人物の相互関係や心情，場面についての描写を捉え，優れた叙述・構成や表現の工夫について自分の考えをまとめるとともに，それを交流する中で自分の読みを広げたり深めたりすることができる。

4 学習評価

知識及び技能	思考力・判断力・表現力等	主体的に学習に向かう態度
・文章表現や文章構成及び展開の工夫に気付きながら，杉みき子作品を読み，作品の特色を伝えることができる。	・人物の相互関係や心情，場面についての描写を捉え，読み味わう中で考えたことをまとめている。	・作品のもつ味わいを考える中で，自ら問いを見いだし，学習計画を更新しながら新たな問いへと発展させようとしている。

5 学習計画（全11時間）

第1次　「物語の味わい方ポイント」を見付け，追究する読みの課題と計画を決めよう（3時間）
・「味わって読む」観点を既習教材の読み方を振り返り，自ら見いだす。
・初めの感想（物語の面白さ）を書いて交流し，物語の設定を捉える。
◎自分で追究したい読みの学習課題を決め，学習の道筋を自力で描く。

第2次　物語を読み味わい，面白さをアピールし合おう（5時間）
・一人学びで，複数の叙述を関連付けながら物語の面白さをまとめる。
・同じ観点（追究課題）のグループでの作戦会議で気付きを話し合ったり，自分の考えに付け足したりする。
◎異なる観点で追究したグループと互いの気付きを交流する。
・全体で，各観点から気付いたこと・考えたことを交流し，読み味わう。

第3次　味わった物語の面白さをまとめよう（3時間）
・交流で新たに学んだことを付加しながら，形式を工夫してまとめる。
・最初の感想と比較し，単元を通して身に付いた力や学び方を振り返る。

6 第3時間 「物語の味わい計画を立てよう！」

1. 既習教材や「わらぐつの中の神様」の面白さから見いだした味わい方から追究したい課題を決め，学習計画を立てるという目的意識を持たせる。

発見した「物語味わい方ポイント」

2. どの観点に魅力を感じたのかをレーダーに表す。

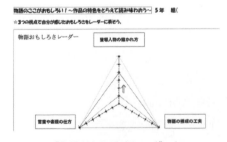

「物語おもしろさレーダー」

3. 自分の選んだ観点を読み味わうための学習計画を立て，目的や学習方法を明確にできるように単元の見通しを持たせる。

○前時までに今まで読んだ物語文の面白さを「何に着目して読んでいたのか」「面白さはどこにあったのか」という観点で分類したものを確認する。多様な観点や角度から作品の面白さをより深く味わうために学習計画を立て，課題追究への意欲を喚起させる。

○★「物語おもしろさレーダー」によって面白さを感じた観点を視覚化しておく。あまり面白さを感じていない観点でも，交流を経て考えが広がったり，深まったりすることが新たな作品の魅力の発見へとつながることを意識させる。

□☆追究の観点が決まり次第，名前プレートを貼り，立場を明確にさせる（情報の開示）。学習計画づくりに当たっては，自由に交流できるような場を設定する。

◇今までの学習方法を振り返りながら，学習シートや追究方法を選択できるように支援していく。

7 第8時間 「私を引きつける物語の味わいを語り合おう！」

1. 選択した「味わい方ポイント」に従って追究した物語の面白さを異なるポイントで追究した友達と伝え合うという目的意識を持たせる。

全文シートに書き込みながらの交流

2. 追究した作品の「おもしろさ」について，その叙述や理由を伝え合い，交流後の「物語おもしろさレーダー」の変化の理由を全体で交流できるようにする。

3つのポイントをまとめた板書

3. 異なる立場で追究した友達との交流を経た自分の変容を自覚させる。

○前時に同じ観点で交流した内容（作戦会議）をもとに追究した面白さを伝え合う中で，異なる観点から「なるほど」「そうか」「やっぱり」を見付けだし，自分の考えを広げたり深めたりするという交流の目的（よさ）を意識させる。

□★3人を基本としたグループになり，1枚の全文シート（画用紙四つ切り1枚半に本文を貼り付けたもの）に，考えの根拠となる叙述に線を引いたり，相互に関連付けたりしながら各自の気付きを伝え合うことができるようにする。

□☆「物語おもしろさレーダー」の修正や新たな視点の獲得を全体交流の中心に取り上げ，各観点を関連付けた板書の構造化を心がける。

◇交流を経て新たに分かったことや，自分の考えがどう変わったのか，深まったのかを具体的に書くことで学びを振り返らせる。

（谷口　映介）

第6学年 読むこと領域「海の命」

授業事例3

解き明かしま SHOW
～海の命○○のなぞ～

顕在化させたい資質・能力 ◇つたえあう力

1 「読みの可能性を追究する」探究的な学習活動

　一読しただけでは理解できない疑問（なぞ）に対して，3～4つの読みの可能性を吟味し，その解き明かしていく過程をクラスの友達に提案する学習活動である。

　「こうも読めるし，ああも読める。けれども，○○に着目して読み進めていくと～なことが見えてくる。だから，最も有力な読みはこれである。」

　小学校教育最終段階の読みの在り方として，複数の読みの可能性を提案する学習スタイルに挑戦した。

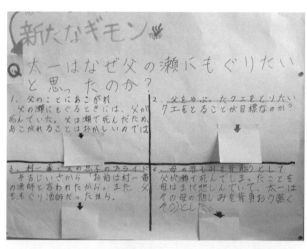

「母」のセリフから解き明かそうとした児童の提案

　子供たちが最終的に絞り込んだなぞは，以下の4つであった。
① 太一が遭遇した「クエ」は父と戦ったクエと同じか～目の色の謎に迫る～
② 「おとう」と「与吉じいさ」はどうして同じようなことを言っているのか
③ 「母」の「お前の心が見えるよう……」とは
　～太一は，なぜ父の瀬にもぐりたいと思ったのか～
④ 「太一」は，どうして生涯誰にも話さなかったのか

2 学習目標

登場人物の相互関係を踏まえ，それぞれの海に対する向き合い方や生き方の違いを捉えながら，作品の主題について考えることができる。

3 学習評価

知識及び技能	思考力・判断力・表現力等	主体的に学習に向かう態度
「はばからなかった」や「少しも変わらなかった」「もう道具を片付けた」等の語句を理解し人柄を捉えている。	父への憧れや与吉じいさから受けた影響等，人物の相互関係を捉え，太一の海に対する考え方を読み取るとともに，作品の主題について考えている。	読みの疑問（なぞ）を解き明かす友達のSHOW（解説）を聞き合い，異なる解釈を認め合いながら深い問いに発展させようとしている。

4 学習計画（全11時間）

第1次 なぞを出し合い，解き明かす課題を決める（3時間）
・一読して疑問に感じたことを短冊に書き，発表し合う。自分では気付かなかったなぞに触れ，作品のもつ面白さに気付く。
・前時に出たなぞを整理する。なぞが出ていなかった与吉じいさに焦点を当てて作品を読み直し，新たななぞをつくる。
◎解明したいなぞを仮決定し，登場人物ごとに集まって出ているなぞについて検討する。すぐに解決できるなぞと吟味が必要ななぞとに分類する。
第2次 「解き明かしまSHOW」の準備をし，公開する（7時間）
・グループごとになぞを読み解き，読みの可能性をまとめる。
・「クエ」のなぞについての読みの可能性を聞き，話し合う。
・「与吉じいさ」のなぞについての読みの可能性を聞き，話し合う。
◎「母」のなぞについての読みの可能性を聞き，話し合う。
・「太一」のなぞについての読みの可能性を聞き，話し合う。
第3次 主題について話し合う（1時間）
・作者が伝えたかったことについて話し合い，自分なりの考えをまとめる。

5 第3時間 「読み深める『なぞ』をつくりまSHOW」

1. クラスのみんなで書きだしたなぞを見比べながら各々のなぞを仮決定することで、こだわりを持ってなぞを解き明かす学習に臨めるようにする。

○★同じなぞは短冊を重ねて掲示することで、視覚的になぞの重なりが捉えられ、「みんなが気にしているからこそ解明したい」や「自分だけが見つけたなぞに取り組みたい」という意欲を引きだす。

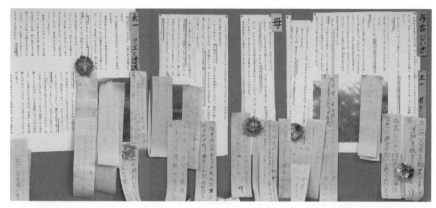

登場人物ごとに集まって相談し、解き明かしたい「なぞ」を絞り込んでいく

2. 登場人物ごとになぞを持ち寄って交流し、同じ人物に興味を持つ友達から解決のヒントをもらえるようにする。

□登場人物ごとに交流することで、人物の人柄や相互関係、作品の中で果たす役割など、読みの土台を共有できるようになる。

3. 次時から取り組むことを記入し、なぞを解明する見通しを持てるようにする。

◇付箋、画用紙、模造紙など必要な物を考え、どう読み進めるかを計画表に記入することで、学びを自覚できるようにする。

6 第9時間 「『母のセリフ』から解き明かしま SHOW」

1. 「太一は、なぜ父の瀬にもぐりたいと思ったのか」についての4説を聞いた後で質問タイムを設けて、捉えの違いを探り合えるようにする。

提案を聞き疑問に感じた箇所を質問する

2. 質問が集中した箇所から本時の課題をつくり、各グループで話し合って読みを深めさせる。

どの説が有力かを考え根拠をつくり上げる

3. 振り返りを書き、読みの変容や深まりを自覚できる場にする。

○☆公開 SHOW で提示される資料（読みの可能性をまとめた模造紙）については、前もってプリントに印刷して各自に配付しておく。
授業前や家庭学習の時間に読んでおくことで、捉えの違いが整理できる時間を確保するとともに、「これについては質問したい！」「ここだけは譲れない！」と主体的に学習に臨めるようにする。

□提案されたいくつかの説から「最も有力な読みはどれか」について吟味・検討することを通して、グループの友達の各々の捉えに触れられる。
また、有力説の決め手となる手掛かりを全体交流することを通して、さらに協働的に読みを深めることができる。

◇各グループの有力説とその決め手となった根拠を板書で整理し、学びの深まりを共有する。

（廣田　卓也）

Chapter2
7つの資質・能力を教科で育む

社会科
確かなる意思を持って、社会に参画する力を育む社会科学習

1 社会科の本質

　社会科は，様々な出来事によって日々めまぐるしく変化していく現実の社会を学習対象としている。その社会は，一方通行のベクトルだけで構成された単純明快な状況ではなく，様々な軋轢や立場が錯綜し，利害が絡み合っている混沌とした状況にある。そこで，学習過程において①社会的事象を事実として正しく認識すること，②社会への正しい事実認識に基づいて，合理的に意思決定をすること，③合理的な意思決定に基づき，社会参画をすること，を大切にしたい。

2 社会科で顕在化させたい資質・能力

❶学習問題を設定し，主体的に解決する力（ふかめる力）
　社会の現状から問いを見付けだし，予想を立て，検証をしていくことで，新たな問いが生まれる一連のプロセスに，主体的に関わっていく力。

❷正しい事実認識をもとに，論理的・批判的に考える力（みきわめる力）
　社会的事象に対する正しい事実認識に基づいて，社会的事象を論理的・批判的に捉え思考する力。

❸合理的に意思決定した事柄を，他者に向けて発信・提案する力（つたえあう力）
　社会の中で生起している事象において，留保条件を付けた上で意思決定した事柄を，他者に向けて発信・提案する力。

3 資質・能力を顕在化させる授業デザイン

❶ギャップの創出や発信・提案する機会の設定をもとにした探究的な学習過程の在り方

　子供たちが，生活経験や生活体験とギャップのある社会的事象と出会うことで，「～なのに，なぜ（どうして）～なのだろうか」という学習問題が生起する。それゆえ，その学習問題は切実感を内包したものであるといえる。学習問題（新たな問い）を子供たち自身の手でつくりだすことが，その問いについて主体的に探究する原動力となり，新たな知識の獲得につながると考える。学習過程で蓄えた説明的知識や概念的知識を基に，よりよい社会という視点から，現実の社会を批判的に捉え直し，発信・提案する機会を意図的に設定することが重要である。

❷生活経験（体験）や学習過程における思考の共有化を図る協働の在り方

　子供たちは，その生活における経験や体験をもとに，現実の社会を捉えている。子供たちの生活経験（体験）や学習過程における思考をベースにすれば，新たな問いにつながるだけでなく，それが現実の社会を正しく認識する手掛かりとなり，合理的な意思決定が促されると考えている。子供たちが調べた事柄を，地図上に表したり，子供たちが思考した事柄を可視化したりして，全体で共有化することが大切である。

❸社会に参画することで，自分の立ち位置を明確にする内省の在り方

　社会参画をするときには，自分自身の思考が，現実の社会を捉え未来の社会を描く上でどのような位置にあるのか，それを把握しなければならない。その方法として，現実の社会を形成している事象との関わりを，具体的かつ継続的に学習過程の中に位置付けることが大切である。現実の社会を形成している事象と自分自身を客観的に対比させることで，自分自身の立ち位置がより明確になる。

第3学年 「歴史と人々の生活」　　　　　　　　　　授業事例1

進化する！　変化する！　昔の道具

顕在化させたい資質・能力　◇ふかめる力　◇つたえあう力

1 「道具」と「生活」を結び付けて考えさせる授業のデザイン

　用途は同じでも道具には，形や材質，機能等の変化が人の手で加えられている。算数科で「重さ」を学んだとき，昔ながらの「はかり」と出会った。その際，「うちではもう使わないよ」「うちのはもっと違う形でデジタル式だよ」と道具について話しだした。このような呟きからつなげて社会科の学習へと導入していったため，道具の変化に興味を持った子供たちは，家族の思い出から過去に遡り，道具を意欲的に調査することが予測された。しかし，子供たちの調査活動は世代ごとの道具の見た目や便利さに注目がいきがちではないかと考えた。そこで，祖父母，両親の世代ごとの生活スタイルの調査と，そこで使われていた道具との両方を，同時に調べさせることにした。それぞれの世代の人々のよりよく生活したいとの願いや，そのための工夫や努力と道具の変化のつながりの気付きから，思考が動きだし，「ほかの道具はどうだろう」「この願いにつながる道具の仕組みの変化はどんなものだろう」等と子供たちは「ふかめる力」を顕在化させていくと考える。

2 「学び」から「発信」へ

　子供たちの将来において実社会への積極的な参画が期待される。その基礎となる態度の育成のため，この学習では，これまでや現在使われている道具と人々の生活との関わりをもとに，今後の道具の変化のアイディアを『進化した未来の道具』として考えさせた。学び（社会とのつながり）を実感させるには，考えるだけではなく，相手を意識し考えを表出させる必要がある。そこで，実際の企業にアイディアを提案し評価してもらった。

3 学習目標

　人々の生活と道具の変化の関係について，人々のよりよい生活に向けての努力や工夫等を視点に多面的に調べ，得られた事実に基づいて，自分なりの『進化した未来の道具』を考え発信することができる。

4 学習評価

知識及び技能	思考力・判断力・表現力等	主体的に学習に向かう態度
・昔から現在にかけて，形や材質，機能等変化した道具を古民家見学や実際に使ってみる体験で調べ，各々が調べたことを絵年表や道具カードにまとめることができる。	・家族が子供の頃使った道具や，その道具が使われた頃の人々の生活を家庭でのインタビューで調べ，時期による道具の変化とその道具が使われた頃の人々の生活との関連に気付くことができる。	・昔の道具，現在使われている道具に関わる学びをもとに，さらに進化させた道具を考え発信することができる。

5 学習計画（全13時間）

第1次　時期によって変化した道具を調べよう（6時間）
・はかりと電子ばかりを見比べて学習問題をつくる。
・昔の道具を図書資料で調べる。
・各々が調べたことをカードにまとめ紹介し合う。
第2次　道具が使われた頃の人々の生活を調べよう（4時間）
・古民家を見学する。
・インタビューで昔の生活を調べる。
・道具を使う人々の願いを短い言葉で表す。
◎絵年表に調べたことをまとめる。
第3次　さらに進化した道具を考えて発信しよう（3時間）
・現在，道具を使う自分たちについて振り返る。
◎これからの道具はどのように進化していくのか考えて紹介する。

6　第10時間　「調べたことを絵年表にまとめよう」

1. 調べた道具カードを道具ごとに，年代別に貼り付けて年表をつくる。

自分のカードをどこに貼ろうか考える

2. グループごとに分かったことを聞き合わせ，違う道具について調べたグループの考えと自分たちの考えを比べさせる。

自分の考えと他のグループとを比べる

3. 再度グループで話し合い，人々の生活と関わらせて，道具が進化したわけを深めさせる。

□☆道具の変化を年表にすることで視覚化し，友達と交流することを通して，自分の調べた結果と時代関係を再確認しながら，変化の様子を詳しく書き込ませる。

○このときに，道具の変化と人々の生活の様子を関連付けられるように，年表に貼り付けた道具カードと，インタビューで分かった人々の苦労や努力を線でつなげさせる。

□自分たちの年表をつくっている最中も子供たちは他の道具を調べたグループの年表に興味を持ち，気にしていた。自発的に子供たちから発表会がしたいと声が上がった。

◇発表を聞き合い，自分たちの考えと他のグループの考えを比較させたり，統合させたりして道具の変化についての認識を深めさせていく。

7　第12時間　「さらに進化した道具を考えよう」

1．実際に新しい道具のアイディアを応募する企業を動画で紹介し，学びを生かした道具の創作意欲を高める。

2．道具のもつ「特徴」や使う人がもっている「願い」を踏まえて，身近な道具の進化形を考えさせ，突飛なアイディアにならないようにする。

3．発表させたり書かせたりする際には，下のフォーマットを用いて今日の学習の振り返りをさせる。

| 「わたしは（　　）を進化させました。ぜひ（　　）に使ってほしいです。なぜかというと（　　）からです。」 |

後日，企業から評価が送られてきた

○考えたアイディアの発信先を実際の企業にすることで，子供たちは実社会とのつながりを感じ，進化させた道具を考えることができる。

□子供たちが調べたい道具ごとに分かれたグループごとにつくった道具に関わる年表や，インタビューして聴き取った使う人の願いなどの掲示を見て，アイディアを深める。

◇☆フォーマットにして表現させることで，道具のもつ「特徴」と，使う人，そして使う人の「願い」を意識させて振り返りをさせる。

◇発信するだけでなく，評価を受け取り，双方向のやりとりをすることで，実社会と自分との関わりをより感じられるようになる。このような，学習対象に関わる人々等，実社会との関わりの繰り返しが，将来的な社会参画への基礎になると考える。

（西嶋　頼基）

第4学年　「地域の発展に尽した人々」

授業事例2

受け継ごう！
先人の努力と苦労

顕在化させたい資質・能力　◇ふかめる力　◇みきわめる力

1　立場の選択を迫り，探究心を生む

　子供たちは，"社会科"という教科が好きである。単元ごとに校外学習が設定されていることも，その大きな要因の一つであるが，子供たちの発言や記述からは，違う理由についても窺い知ることができる。それは，自分たちが生まれ育ってきた"滋賀県"について，また，自分たちが日々生活している"社会の仕組み"について，事実認識を積み上げ，それらを理解していくことへの期待である。

　本単元では，瀬田川の川浚えに三代で取り組んだ"藤本太郎兵衛"に焦点を当て，その業績や生き方をもとにナンバー１を決めたり，琵琶湖の水位を調整するために"瀬田川洗堰"の操作主体を三者（滋賀県，瀬田川下流の府県，国）の立場で考えたりする活動を設定する。様々な局面において，"立場の選択"を迫ることが，子供たちの探究を持続的に支える有効な手立ての一つであると考えた。

2　情報を整理し，考えを再構築する

　"瀬田川洗堰"は，奈良時代に始まる琵琶湖の周辺に住む人々と洪水との闘いの歴史，滋賀県と瀬田川下流に位置する近畿他府県との対立の歴史，そして，何より，度重なる苦労を乗り越え，瀬田川の川浚えを実現した先人の活躍を現代に伝える財産といえる。

　単元を通して積み上げる"瀬田川洗堰"に関連する社会的事実をもとにして，それらを現在の"瀬田川洗堰"の価値とつなげて，課題を見いだし追究する活動を意図的に仕組むことが，論理的・批判的に考える力（みきわめる力）の顕在化に資するものであると考えた。

3 学習目標

　昨年の台風21号における"瀬田川洗堰の全閉操作"を取り上げた記事について，滋賀県，瀬田川下流の府県，国の立場で考え，課題を解決する活動を通して，瀬田川洗堰の役割や価値を捉え直すことができる。

4 学習評価

知識及び技能	思考力・判断力・表現力等	主体的に学習に向かう態度
・郷土の発展に尽した先人の働きや，瀬田川洗堰に関わる事象を正しく理解し，調査活動や様々な資料から必要な情報をまとめている。	・郷土の発展に尽した先人の努力や苦労，瀬田川洗堰の役割や価値について課題を把握し，考えたことを，適切に表現している。	・郷土の発展に尽した先人の努力や苦労，瀬田川洗堰の役割や価値をもとに，よりよい発展の仕方や関わり方について，主体的に考えている。

5 学習計画（全10時間）

第1次　学習問題をつくり，学習計画を立てよう（4時間）
・"唐橋"と"洗堰"との役割の違いを考え，瀬田川洗堰に興味を持つ。
・洗堰について調べたい事柄を整理し，調べ学習をする。
第2次　"瀬田川洗堰"に関わる事象を整理しよう（4時間）
・人力で水位や流量を調整していた当時の人々の苦労や努力に迫る。
・これまでに起きた琵琶湖の水害について知り，当時の人々の思いに迫る。
◎水害を防ぐための歩みについて，藤本太郎兵衛の生き方をもとに考える。
・田上山と瀬田川の水害とを関連付け，土砂を防ぐことの大切さを考える。
第3次　これからの"瀬田川洗堰"の在り方について考えよう（2時間）
◎昨年の台風21号に関わる"瀬田川洗堰の全閉操作"について，三者の立場で考え，瀬田川洗堰の役割や価値を捉え直す。
・"瀬田川洗堰"が果たす役割や価値について，新聞やパンフレットにまとめ，発信する。

6 第7時間 「瀬田川の川ざらえ，誰がナンバー１？」

1. 水のめぐみ館「アクア琵琶」の見学を通して，瀬田川の川浚えについて学んだことを共有し，学習課題を提示する。

見学を通して新たな課題を見付ける

2. 藤本太郎兵衛（直重・重勝・清勝）の生き方や業績を調べる。

3. 瀬田川の川浚えに誰が一番貢献したのか，選んだ理由も書くようにする。

比較することで，新たな考えを引きだす

4. それぞれの考えを十分に共有し，ナンバー１を選べないという結論につなげる。

○「アクア琵琶」への見学を具体的に振り返ることで，川浚えに尽力した藤本太郎兵衛に焦点を当て，探究の足掛かりとする。

★見学の際に撮影した写真や動画を提示し，瀬田川の川浚えについて持っている知識やイメージの土台をそろえる。

★視聴覚教材や副読本を使用し，情報を取捨選択できるようにする。

□業績だけでなく，それぞれの生き方に着目し，その努力や苦労に共感しながら自分の考えをまとめることができるようにする。

☆"みんながナンバー１"という結論につながるように，仲間の考えを尊重しながら聞くことができるようにする。

◇長い歳月を費やし，川浚えを達成した直重・重勝・清勝それぞれの思いを共有する。

7 第9時間 「瀬田川洗堰，誰が操作を決定したらよかった？」

1. 昨年の台風21号において，瀬田川洗堰が全閉操作されたことを伝え，学習課題を提示する。

2. 瀬田川洗堰の操作を，滋賀県が決定することができないという事実について，意見を交流する場を設定する。

3. 誰が瀬田川洗堰の操作をすべきだったのか考える手掛かりとして，滋賀県・瀬田川下流の府県・国の三者を対立軸に据える。

対立軸を明確にして板書にまとめる

4. 瀬田川洗堰の役割や価値について，捉え直したことをもとに，考えの変化をまとめることができるようにする。

○子供たちが実際に経験している事柄を取り上げることで，"全閉操作"を，自分事として捉えることができるようにする。

□三者の立場を提示し対立させることで，洗堰の操作について，より論理的，批判的に考えることができるようにする。

★色分けした付箋を使うことで，自分がどの立場を選択しているのか，全員が意思表示をできるようにする。

☆自分と同じ立場同士で考えを交流する時間を意図的につくりだし，より対立軸を明確にする。

◇それぞれの立場の優劣について決定する場にするのではなく，"公共"という視点から，洗堰の役割や価値について捉え直すことができるようにする。

(伊勢田　直亮)

Chapter2
7つの資質・能力を教科で育む

算数科
協働での学びが問いの解消を促進していく算数科学習

1 算数科の本質

　算数・数学はそもそも現実に起こっている事象を，単純化して解明していく学問である。数量や図形に関わる課題と出会い，解決に向かう際に，子供たちに事象を支配している構造や性質を捉えさせることが，算数科のよさを味わわせる上で重要になってくる。そのために子供たちには，既習事項を「どのように関連付けたり，取捨選択したりしていくのか」という視点で想起させ，解決方法を探らせていく場を提供することが大切になってくる。こういった視点を子供たちが持つことで，数量や図形に関する事象を論理的に捉える力が養われ，自力で数学的なよさである「すっきりさ」「分かりやすさ」「確かさ」「便利さ」を味わうことができる。

2 算数科で顕在化させたい資質・能力

❶事象のもつ規則性や構造を捉える力（ふかめる力）

　「こんなことを明らかにしたい！」「こんなことが分かりたい！」という問いの解消のために，持っている知識や技能を想起して，事象のもつ規則性や構造を捉える力。

❷解決方法を客観的に見つめ直す力（ふかめる力）

　数学的なよさを味わおうと，「この方法でいいのだろうか？」「もっとよりよい解決方法はないのか？」という視点で，考えを客観的に見つめ直す力。

　算数科が資質・能力として着目したのは「ふかめる力」である。これを構成している上記の2つを繰り返し引きだすことが必要であると考えた。

3 資質・能力を顕在化させる授業デザイン

❶探究的な学習過程を支える自力解決活動の在り方

　子供たちが探究的に活動し続けるためには，下図の③（自力解決活動）の場面の在り方が重要となる。まずは，どの子も主体的に問いの解消に向かえるように，課題や条件の提示の仕方を工夫して，誰もが課題解決に向かえる土台を整えることが大切であると考えた。安易な「まず自力でやってみる」では子供たちの個々の力に任すことになり，活動の充実度に大きな影響が出てしまうため，丁寧な土台づくりを行う必要がある。

❷事象のもつ規則性や構造を捉えるための協働の在り方

　「問いを解消しきりたい」という欲求を満たすために，目的を持って行う協働が有効であると考える。一人で解決に向かっていると，事象のもつ規則性や構造の捉えの偏りや，捉えの不十分さが出てくる。だから，子供の捉えた規則性や構造を価値付けるための協働の場が重要となってくる。

❸解決方法を客観的に見つめ直すための内省の在り方

　自力解決の終盤，子供たちは他者の考えが気になる。それこそが自発的な内省の兆しである。新たな考えと出会うことは，自分の考えを見つめ直す機会へとつながるので，こうした子供たちの表れを見逃さないことが大切だ。

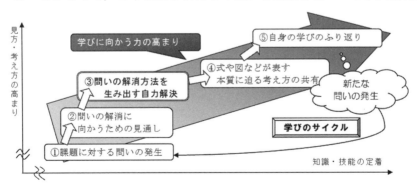

Chapter2　7つの資質・能力を教科で育む

第1学年 「たしざん」

どこたすの ここたすの こうなるの

授業事例1

顕在化させたい資質・能力　◇ふかめる力

1 「数についての理解」を探究するたし算

　たし算は，「合併の場面」や「増加（添加）の場面」を式に表現する学習であるとともに，数を理解する入門期の子供にとって重要な単元である。そこで「答えが11以上になるたし算」の学習では，「数え上げ」を助長する一桁同士の「9＋○」から扱うことは避け，「8＋○」（例えば8＋3）から扱うことにした。10までの数の「いくつといくつ」「10以下のたし算」「3つの数のたし算」の学習を通して，子供は数を「まとまり」として意識するようになってきている。したがって，ブロックで操作させると，8＋3＝8＋（1＋1＋1）と考え，9→10→11と数え上げるよりも，8＋3＝8＋（2＋1）と考え，10と1→11とする子供が多く見られるようになる。これによって，数を「数え上げる方法」と数をまとまり同士の「数えたしする方法」との間で，どの方法がより適切かという探究的な学習が展開できる。さらに，「8＋○」「7＋○」「9＋○」という「数えたし」の加数分解に気付くよう学習を進めたい。同時に「3＋○」「4＋○」というたし算も扱い，「数えたし」の被加数分解に導きたい。このような「たし算」の学習活動をデザインすることは，数の「数唱」「一対一対応の数」「序数としての数」から「基数としての数」へと数についての深い学びとなる。

　実際の学習の場面では，児童は式を図やブロック操作で計算の手順を視覚的に表現する。また子供が，互いにその手順を交流する中で，どの子供にも「10のまとまり」をつくって計算することに気付かせていく。計算方法の理解が深まり「6＋8」や「7＋8」を工夫して計算することで，数の理解についての「ふかめる力」が顕在化していくのである。

2　学習目標

　1位数と1位数をたして和が11以上になる加法を「数え上げ」と「数えたし」の計算手順を通して，計算の原理を理解し，正しく計算できる。

3　学習評価

知識及び技能	思考力・判断力・表現力等	主体的に学習に向かう態度
・数についての理解を深め，数の合成や分解の操作が必要に応じてできる。 ・1位数と1位数をたして，和が11以上になる繰り上がりのある加法の計算が正しくできる。	・繰り上がりのある加法の計算手順を10のまとまりをつくることに着目してブロックを操作し，たし算の手順を考えて表現している。 ・整理して並べたり図にかいたりして考えている。	・進んでブロックなどを操作し，数の合成や分解の操作をしている。 ・繰り上がりのある加法の計算を用いて身の回りの問題を解決するなど，加法を生活や学習の中で活用している。

4　学習計画（全9時間）

第1次　加数分解のたし算（3時間）
◎8＋〇の計算方法を考えて加数分解を理解する。
・9＋〇，7＋〇の計算方法を考えて加数分解への理解を深める。

第2次　被加数分解のたし算（3時間）
・3＋〇の計算方法を考えて被加数分解を理解する。
・4＋〇の計算方法を考えて被加数分解への理解を深める。
◎加数分解か被加数分解か，どちらかの方法を選んで計算し，和が11以上になる加法の計算に習熟する。

第3次　たしざんカード（3時間）
・計算カードをするときに，ブロック操作を用いながら，答えを出すという練習を行うことで，ブロック操作に習熟する。
・カードゲームを通して，計算に習熟する。
・繰り上がりのある加法に習熟する。

5 第1時間 「どこたすの ここたすの こうなるの」

1. 「8」の増加の場面の問題を提示し，加数分解の「数えたし」のよさに気付かせる。

> 8にんであそんでいます。そこに，3にんやってきました。みんなでなんにんになったでしょう。

「8+3」の式をブロックで操作することにより，「ここたすの」「こうなるの」が，視覚化でき，考えの足場となる。

2. たし算の2つの解決手順に気付かせる。

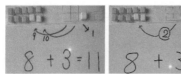

（↑数えあげの操作）（↑数えたしの操作）
数を序数として見る左の考え方と，基数として見る右の考え方がある。

3. 手順の「類似点」「相違点」の発表を通して，この考え方の違いを理解させる。

4. 「3+8」「4+8」の被加数分解の操作を通して，本時では「10のまとまり」をつくって考えるよさに気付かせる。

□「遊びに来た」や「増えた」などの場面把握の言葉とともに，動作化させる。動きや人数について気付いたことを話させ，たし算の式に結び付ける。また，動作化とブロック下敷き上での操作とを結び付け，進んで表現したくなるようにする。

○ブロック下敷き上の操作の合い言葉「ここたすの」「こうなるの」を指導する。自分なりの方法を見付けだしていこうという意欲を持って課題に取り組ませる。操作を通して，「10のまとまり」をつくるよさに，気付かせたい。

◇☆どのやり方でも，「10のかたまり」をつくっていることや，小さい数「3」の方を分けていることに気付かせる。また「数えあげ」と「数えたし」の相違点に優劣をつけることはしない。

○繰り上がりのたし算では，「10のまとまり」をつくるのに最適な数に気付いて数を分解することのよさを実感させる。

6 第6時間 「どこたすの ここたすの こうなるの」

1. 10のまとまりをつくるというブロックの操作を使って、次の問題に取り組ませる。

> みかんが、白いかごに6こ、くろいかごに7こあります。ぜんぶでなんこになったでしょう。

　・6＋7の計算をブロック操作と「合い言葉」で表現させる。

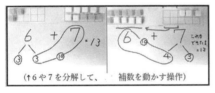
（↑6や7を分解して、　補数を動かす操作）

2. 問題文の数値を「6」にし「6＋6」の操作に取り組ませる。
　・同数なので下の3つの解決方法があることに気付かせる。
　・「5と5で10」を作るよさに気付かせる。

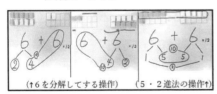
（↑6を分解してする操作）（5・2進法の操作↑）

3. 「5と5で10」を使うと分かりやすいたし算は、どんな数のたし算かを考えさせる。またその理由を交流させる。

☆ブロック操作の「合い言葉」の「どこたすの」「ここたすの」「こうなるの」の手順を想起させ、課題への足場をつくり、問題解決に主体的に取り組めるようにする。

◇操作をする中で「10のまとまりをつくる」というところが似ているということに気付かせる。

□友達の発表を聞いて、機械的に小さい数を分解するという方法でよいかを考えさせる。

☆加数・被加数の大小だけで分解の仕方を考えるのではなく、たし算の分かりやすさから考えさせるようにする。

★□いろいろな操作を交流することで、よりよい方法に迫らせる。

○□加数・被加数が「6」の同数であるとき、「5と5で10」とした方が分かりやすいという操作が子供の中で創発される。

◇ブロック操作などで視覚化された数のたし算を考える中で、数の量的な構成への理解を深めることができる。

（品野　久治）

第2学年 「かけ算」

授業事例2

新しい計算登場！
その名はかけ算！

顕在化させたい資質・能力　◇ふかめる力

1　自力解決を促進させる「経験」を引きだす学習計画

「にー，しー，ろー……」や「ごー，じゅー，じゅうご……」

この２つに限らず，子供たちはかけ算という数え方を日常の中で実践してきている経験がある。そうした「経験」をもとに，新たな課題の解決に向かうことは，ごく自然なことである。しかし，いざ算数の時間になると，授業内での「学び」は引き継がれても，「経験」の存在がリセットされ，不自然な新たな学びをつくらされるということが起こってしまう。このようなことを防ぎ，より効果的な学びを生みだすための場をつくるには，授業内外における，かけ算に関わる「経験」を引きだしたり，蓄えたりすることを大切に単元や授業をデザインしていきたい。また，第２学年の学習において，「かけ算」の学習につながる学習場面を洗いだし，単元をまたがる学習計画の作成を行った。本時までの「経験」や「学び」と，次時につながる「経験」や「学び」を明確にしておくことで，本時の課題や条件の提示の仕方の工夫を凝らし，誰もが課題解決の方法が見通せるようにする。このことが，数学的なよさを自力で発見していくための第一歩となると考えた。

2　考えを見つめ直すために必要な「つなぐ」という支援

子供たちの持つ「経験」には当然ばらつきがあり，そこから生まれる考えにもばらつきがある。そうした違った考えと出会うだけでは，かけ算での学びに到達できない。そこで，多様な考えを価値付けるだけでなく，考えと考えをつなぐことこそが，子供の「学び」を深める大切な支援だと考える。

3 学習目標

　2～5を基数として数を数える場面において，基数のいくつ分かという見方を使いながら，かけ算の仕組みや計算方法を考えている。

4 学習評価

知識及び技能	思考力・判断力・表現力等	主体的に学習に向かう態度
・2～5を基数とする乗法の意味を理解し，計算をすることができる。 ・積を同数累加で求められることを理解している。	・乗数と被乗数の関係に着目し，そこにある規則性を見付けたり，計算方法を考えたりしたことを，絵や図や式を用いて表している。	・日常生活における乗法が成り立つ場面において，基数のいくつ分かという数え方を用いて，数の数え方を見付けようとしている。

5 学習計画（全14時間）

第1次　数のまとまりを見付けよう（2時間）
・時刻の読み取り方を考える活動を通して，分針が5分ずつ増えていることに気付く。
◎大きな数の数え方を考える活動を通して，生活経験の中から2個ずつや5個ずつ数える方法を想起させ，基数の存在に気付かせる。

第2次　数のまとまりを使って数を数えよう（10時間）
・校内にある整列して置いてある物と，無造作に置かれている物の数え方を比べ，基数を意識した数え方を考え，そのよさに気付く。
◎2～5を基数としたかけ算を考察する活動を通して，九九の暗唱だけでなく，そこにある数の並びの規則性に気付く。

第3次　かけ算の考え方を使ってみよう（2時間）
・5dLと2dLのコップを操作して○dLをつくる活動を通して，かさをつくる具体的な操作の過程を，数値化して表す方法を考える。
・「～分」や「～倍」などの表現について考える。

6 第2時間 「大きな数の数え方を考えよう」

1. 2桁の数（12と20）の数え方について，「経験」を想起しながら，ブロックを用いて表させる。
2. ブロックで表した数え方について交流し，いくつをもとにして数えているかという違いと，10のまとまりをつくろうとしている共通点に気付かせる。

2個ずつや5個ずつだと数えやすいよ

3. 10のまとまりをつくるという共通の数え方をもとに，236の数え方を考えさせる。
4. 数え方を交流し，100のまとまりをつくると数えやすくなることに気付かせる。

○いきなり100より大きい数を提示するのではなく，本時につながるこれまでの「学び」や「経験」を想起させることで，子供たちの中に系統性を意識させることができる。

□☆★考えの交流において，ブロックを用いることで，いくつずつ数えたかという基数に目が向けられたり，結果的に10のまとまりをつくっていることを意識していたりしたことが分かる。

◇友達の考えた基数を見抜かせた後に，ブロックの置き方や，色の使い方などに着目させることで，自分の考えを見つめ直させ，数の多様な捉え方について気付かせることができる。

○□★10進位記数法の考えをみんなが持っていることを確認した上で，234個の物を数える活動を行う。その際，数え方の足跡をどのように残していくかの見通しを交流することで，誰もが自力解決活動に取り組むことができるようになる。

7 第9時間 「焼き鳥の材料を数える方法を考えよう」

1. ネギが3個と鶏肉が4個，交互に串に刺さっている焼き鳥を6本作るという場面において，前時の学びを想起しながらネギの数え方を考えさせる。

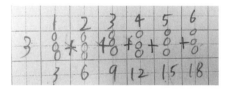

前の時間はこんなふうに数えた人がいたね

2. 鶏肉の数え方を考え，交流し，前時との共通点や相違点について考えさせる。

○○さんの考え（右）でもやってみたよ

3. 「焼き鳥1串に刺さっている材料の数」という視点で数を見ると，3＋4＝7の7を基数とした数え方ができそうなことに気付かせる。

○★問題場面がイメージしやすいように，イラストを提示する。その際，6本分を提示するのではなく，同数累加のイメージが持てる2本分までを提示して，見えない部分を図や数を用いて表現できるようにする。

★乗数を前時と同じ数値にすることで，前時を想起させやすく，誰もが自力解決の見通しを持ちやすくすることができる。

□☆前時に出てきた考え方を振り返ることで，自力解決の際に，使いたい考え方同士で意見交換をさせやすくなる。

◇自分なりの考えだけでなく，1で示した考えも試してみることで，自分の考えが正確かどうかを見つめ直させることができる。

○串に刺さっている具材の7個という基数が，ネギ3個という基数と鶏肉4個という基数を合わせたものであることに気付かせることが，後の基数が10以上のかけ算を解決するための素地となってくる。

（小西　敦）

第6学年 「角柱及び円柱の体積」　　　　　　　　　　　　授業事例3

斜柱の体積を求めよう

顕在化させたい資質・能力　◇ふかめる力

1　子供の「探究心」を煽（あお）る「問い」を生みだす仕組み

　算数科は，子供たちにとって「面白い」「大好き」な教科でもあり，「難しい」「苦手」と言われることの多い教科でもある。これは，他教科とは算数科というものが性質上異なる教科であるから致し方ない。「既にそこに存在する自然物の不思議を考える」「思い思いに創りだし，味わう」「存在する人やもの，出来事から学ぶ」等のように能動的なものではなく，「数量や図形などに着目して捉え，数学的な思考力・判断力・表現力を育みながら，数学的に考える資質・能力を育成する」ためには数学のよさを実感できる場面を設定する必要がある教科であるからだ。数学のよさを実感させるためには子供たちの心に「確かめたい。かきたい。計算したい。考えたい」という「〇〇たい」欲求を能動的に生じさせなければならない。これこそが「探究心」であり，その基になっているものこそが自分の生みだした「問い」である。「問い」が魅力的であればあるほど子供たちの「探究心」は大いに煽られ数学の世界にのめり込んでいく。魅力的な「問い」を生みださせるためには，子供自身が既習の規則性や構造の捉えを更新しなければならない場面を設定してあげればよい。そうすることで「あれ？」「なんで？」「この場合は？」と心が動き，呟きが聞こえ始め「ふかめる力」が顕在化し始める。

　「問い」が発生するのは，上記の時だけではない。特に自力解決した（解決できなくても）後，友達と比べたときこそ「あの式がなぜいるんだろうか？」「この説明のこの図はなぜ分かりやすいんだろうか？」「どうしてこの場合まで考える必要があるのだろうか？」と，自然発生する。友達の考えを理解しようとすることが，自然と自分の考えをふかめていく。授業の中に，たくさんの「問い」が生まれるしかけづくりを心がけたいものである。

2 学習目標

　角柱や円柱の体積を（底面積）×（高さ）の求積法によって求めることや体積は「1cm³（基準）がいくつ分」という考え方を使って，高さが立体の内外に存在する角柱（斜柱）の体積を求めることができる。

3 学習評価

知識及び技能	思考力・判断力・表現力等	主体的に学習に向かう態度
・角柱や円柱の体積を求める式は，「底面積×高さ」に統合できることを理解することができる。 ・図形の体積を計算によって求めることができる。	・「1cm³がいくつ分」という考え方をもとにして，体積を求めている。 ・立体の内外にある（高さ）を捉えて求積している。	・角柱や円柱の体積に関心を持ち，それらの体積の求め方を考えようと主体的に探究している。 ・自分の考えと友達の考えを比べて，その違いについて積極的に発信している。

4 学習計画（全6時間）

第1次　角柱と円柱の体積を求めよう（4時間）
・直方体や立方体の体積の求積公式が「底面積×高さ」と表せることを理解する。
・四角柱の体積も「底面積×高さ」で求められることを理解し，それを用いて体積を求める。
・三角柱の体積も「底面積×高さ」で求められることを理解し，角柱の体積は「底面積×高さ」で求められることをまとめる。
・円柱の体積も「底面積×高さ」で求められることを理解する。また，角柱，円柱の体積＝「底面積×高さ」と統合できることを理解する。

第2次　傾いた角柱（円柱）の体積を求めよう（2時間）
◎高さが立体の内外に存在する角柱（円柱）の体積を求める。
◎2段階に傾いた角柱の体積を求める。

5 第5時間 「斜柱の体積を求めよう」

1. 底面が6cm四方の正方形で高さが10cmの直方体模型を提示し、体積を問うた後、子供たちの目の前で斜めにする。

直方体を傾けると……

○☆目の前で斜めにすることで、「（縦）と（横）と（高さ）であった辺の長さは変わっていないのだから、体積は同じはずだ」「3辺をかけてもやはり360cm³だ。同じだ」という、思い込んでいる規則性と、「でも違和感あるな……」「1cm³が減っている気がするんだけどな」という体積とは何だったかという形成された概念がぶつかりだす。

2. 問いの解消に向かわせる。
各班に1セットずつ用意した模型を渡していく。

こっちの体積は360cm³。こっちは？

○3つの辺は変わっていないのに「本当に体積は減っているんだろうか」「何が減っているんだろうか」という問いを解消するために、子供たちの鉛筆が動きだし、「ふかめる力」が顕在化し始める。

3. 班ごとに自分が考えた体積について説明し合う活動を通して考えをまとめさせる。

□★「高さ」の捉えが原因であったと気付いたとき、それをどのように説明すれば分かりやすいのか友達と話し合うことで「ふかめる力」はより育まれていく。

6 第6時間 「斜柱の体積を求めよう（Part2）」

1. 前時の学習で考えた斜柱（横に倒すことで底面を平行四辺形ととらえることのできる立体）から，さらにもう一段階斜めにした斜柱（高さが完全に立体外に存在する立体）を提示し，体積を問うことで「この場合は？」とふかめようとする心を煽る。

底面を平行四辺形と考えていいのかな？

2. 体積の求積法である「底面×高さ」の「高さ」の捉えに揺さぶりをかけ，更新させるために問いの解消に向かわせる。

3. 自分が考えた体積についてクラスの中で説明し合い，考えをまとめさせる。

○体積の求積法である「底面積×高さ」の「高さ」＝「辺の長さ」の捉えに揺さぶりをかけることで，子供たちのふかめる心を顕在化させる。

○立体をどう回転しても辺が垂直にならない事実に違和感を持たせることで，「高さ」とは何なのかという「問い」が生まれる。

○前時の斜柱とは異なり，「高さ」が辺の長さでもなく，面上にもないため視覚的に捉えられないもどかしさと，「捉えたい」という思いが「問い」の解消の原動力となる。

○☆□「体積は２つとも同じではないのだろうか」という事実を確認するために模型を思い思いに扱わせる。「切り取りたい。組み合わせたい」という思いの下に，立体が初めの斜柱と同じ形になったとき，「高さ」の捉えが更新される。

（山内　滋人）

Chapter2
7つの資質・能力を教科で育む

理科

「不思議さ」に触発され，「確かさ」で解き明かす理科学習

1　理科の本質

　理科は，自然の事物・現象を対象として，「理科の見方や考え方」を働かせながら探究する力を身に付ける学習である。子供たちは，探究のプロセスを通して，自分の捉えや考えを事実と照らし合わせることを繰り返し，知識と知識の新たなつながりをつくっていく。この学びには，事実の確かさと事実の用い方の不確かさがある。事実の結び付き（知識体系）を，理科の見方・考え方（事実の用い方）で紡いでいくことが理科の本質として，大切なところになる。

2　理科で顕在化させたい資質・能力

❶「確かさ」を求めて働きかける力（ふかめる力）

　子供たちは，新たな自然の事物・現象や自分の捉えと違った他者の捉えに出会ったときに「確かさ」を求めて自然の事物・現象に働きかけていく。働きかけの方法を見いだしたり，それを実行したりしながら真理を求めていく。
　自分の捉えの不確かさを認識し，より確かなものへと変容させていこうとする力は，自然の事物・現象に対する探究の原動力となる。

❷事実と事実をつないで説明する力（みきわめる力）

　事実と事実のつなぎ方を認識すると，よりよい方法を選択したり，妥当な解を導きだしたりすることができる。自分が持った問いに対して，自然の事物・現象から情報を集め，その情報と自分の捉えとの整合性を確かめていく。事実と事実をつないで説明する力は，理科で引きだしたい力である。

3 資質・能力を顕在化させる授業デザイン

❶探究的な学習過程を支える学びのストーリー

　子供たちが生みだす探究的な学習過程が，ぶつ切りではなく一つのストーリーの中にあることが大切だと考える。そのためには，取り組みたいと思い，学問的にも価値がある課題の設定がポイントとなる。このような課題設定を生みだすためには，あこがれや意外感をもつ自然事象と初めに出会わせることや，学習全体を包含する問いを教師が適切に拾い上げることが必要となる。また，探究をより確かなものとするために，要所で問いを解決するための自然事象と出会わせ，事実と捉えを往還しながら問いを更新させていくことも欠かせない。

❷事実をもとに考えの妥当性を高め合える協働の在り方

　子供たちが互いの捉えを交流するとき，その話し合いは，妥当性を高めていくものでありたい。事実と捉えの違いや自分の捉えと友達の捉えの違いに敏感になり，その違いを確かめるために何度も自然の事物・現象に問い返していく。そのためにも，イメージ図やグラフなどを用いて捉えを表出させることで，友達と自分，事実と考えの中に生まれる「ずれ」を認識し，それを確かめ合う活動を仕組んでいくようにすることが大切である。

❸探究の方法や理科の見方や考え方の高まりを自覚する内省の在り方

　子供たちが行う内省は，学びのつながりを捉えるものでなければならない。問いと結論を結び付けることや予想と結果を結び付けて，自分の捉えを繰り返し確かめていく。そのために，学びの過程を一枚の紙に表すワークシートの活用や，学びの記録を一連のつながりで表せるワンロールノートなどを活用し，記録の在り方を工夫していく必要がある。子供たちが学びの流れや要素を振り返り，自分の考えの変化や探究の過程を認識していく機会を増やしていくために，教室に学びの過程を掲示していくことも有効であるといえる。

第6学年 「物の燃焼」　　　　　　　　　　　　　　　授業事例1

my缶かまどでお湯を沸かそう

顕在化させたい資質・能力　◇ふかめる力　◇みきわめる力

1　「勢い付かせて挫く」探究の入り口

　物を燃やす体験は子供たちにとって魅力的なものである。しかし，「物を燃やす必要性」がなければ，学習に対する有用感は得られない。生活経験を探ったとき，「野外活動時」「非常時」において，火を使った経験があることが分かった。この場合，「非常時」という場面設定と「缶でかまどをつくる」という課題設定をすることで，場面と「物の燃え方について探る」学習とがつながり，学習が有意味なものになっていく。

　「缶で火を燃やしてお湯を沸かしてみよう」と事象との出会いを仕組むと「よっしゃ！」と勢い付いて活動に取り組む。探究の入り口は，問いの発想がなければならない。子供が勢い付く活動に対して挫く要素を仕組むことで，「あれ？」「どうして？？」と子供の思考が動きだし，「どうしたらよいのだろう？」と「ふかめる力」を顕在化させていく。

2　「捉えの表出」と「確かめの場」が事実と事実をつなぐ

　妥当性を高めるためには，捉えを表出させる必要がある。そこで，イメージ図を用いて缶に開ける穴の位置や数，開けた場合の空気の通り道を表現するようにする。子供たちは，自分の考えを他人の考えで変化させることはほとんどない。しかし，「じゃあ，実際確かめてみよう」と事実に立ち返って実験するとその結果で考えを改めていく。イメージ図を用いて互いの考えを知り，実際に試せる場を用意することで，事実に立ち戻って考えを確かめ合う姿が生まれる。その結果，事実と事実をつなげ合い，より妥当な考えを見極め，合意形成していくことができるのである。

3 学習目標

　上部をふさいだ缶の中で物を燃やし続けることができる缶かまどをどのようにつくればよいかを探究する活動を通して，物の燃え方と空気の変化の関係について多面的に調べ，得られた事実に基づいて自分なりの缶かまどをつくる。

4 学習評価

知識及び技能	思考力・判断力・表現力等	主体的に学習に向かう態度
・植物体が燃えるときの気体変化と燃え方の関係について理解している。 ・気体検知管等の器具や水上置換法等の方法を適切に用いて，安全に実験や観察をしている。	・物の燃え方と空気の成分や出入りの変化を関係付けて考え，友達の考えや実験や観察の結果を比較・統合しながらより妥当な考えを見いだしている。 ・自分の考えをイメージ図に表したり，缶に穴を開ける位置や数で表現している。	・上部をふさいだ缶の中で物を燃やすにはどこにどれくらいの穴を開けたらよいのかを主体的に探究している。 ・自分の考えと友達の考えを照らし合わせながら，その違いについて積極的に確かめようとしている。

5 学習計画（全13時間）

第1次　缶で物を燃やしてお湯を沸かしてみよう（2時間）
◎缶で物を燃やして，物の燃え方と空気の変化に対する問いを見いだす。
第2次　火が消えてしまうのはどうしてだろう（4時間）
・物が燃えると気体の成分はどのように変わるのか確かめる。
・物の燃え方と気体の成分との関係について確かめる。
第3次　火を燃やし続けるにはどうしたらよいのだろう（4時間）
・酸素と他の気体を混ぜたときの物の燃え方について確かめる。
・空気の通り道と物の燃え方の関係について確かめる。
第4次　物が燃え続けるmy缶かまどをつくろう（3時間）
◎缶のどこにどれくらい穴を開けたらよいのかを考え缶かまどをつくる。
・my缶かまどを使って，お湯を沸かす。

6 第1時間 「缶でお湯を沸かしてみよう」

1. 下の場面設定を示し，学習活動への意欲を引きだす。

> あなたが，大きな自然災害にあい，停電し，携帯もなくし，周りと連絡が取れず道も土砂でふさがれてしまいました。手元には，お湯を沸かしたり火を通したりしないと食べられない食料しかありません。なんとか，チャッカマンとアルミ缶とアルミの器，着火剤を見つけてきました。「これで，何とかなりそうだ」早速，お湯を沸かすことにしました……。

2. 缶の中で火を燃やしお湯を沸かす活動を通して，燃えていた火が消えてしまう現象との出会いを仕組む。

「あれ？」と何度もやってみる

3. 呟きを拾い，問いにつなげる。

4. 「どうして火が消えてしまうのか」仮説をイメージ図で表現させて，考えを視覚化させる。

○場面設定が，子供たちのわくわく感を引きだし，この後の火がつかなかったときのギャップを大きくする。このギャップが，「どうしたら火を燃やし続けられるのだろう」というふかめる心に火をつける。

○「もしも……」という場面を設定することで，実生活との関りを持たせストーリー性を生みだす。

◇★火が消えてしまう現象との出会いが，自分たちのやり方を振り返り，再度確かめてみようとする繰り返し動作を生みだす。

○火が消えてしまうことが確かな事実となったとき，「あれ？」「なんで？？」と子供たちの心に問いが生まれる。この問いが学習をつなぐ問いになる。

□この問いが素早く仮説発想へと転換していく。「空気が通らへんからやん！」と口々に言いだし，「試してみたい」と缶をどう細工したらよいかをお互いに語り始め，ふかめる力が顕在化する。

7　第10時間　「火が燃え続ける缶かまどをつくろう」

1. 火が燃え続けるための穴の位置と数を図で表し，その根拠を話し合うことを通して，捉えを認識できるようにする。

穴の位置や空気の通りを図に表す

2. 実際に穴を開けて，お湯を沸かすことを活動に入れることで，考えと事実との相違を認識させ，再考を促す。

実際に燃え続けるか確かめる

3. 各グループの理由と結果を説明させることで，考え方や方法の更新を生みだす。

◇☆考えを視覚化し，友達と交流することを通して，自分の考えの根拠や事実関係を再確認しながら，友達の考えを取り入れ，より燃え続けるための缶の穴の開け方について合意形成をしていく。

○この時に，穴の個数を「できるだけ少なく」など限定要素を設けることで，より理論的に穴の数や位置を考えなければならないようにする。

□実際に穴を開けた缶で火を燃やす活動ができるようにすることで，自分たちの考えが事実に沿ったものなのかを確かめることができ，相違があった場合に，更なる考えを創出させていく。

□この時に，ワンロールノートを振り返り，これまでの学習を確かめる様子が生まれる。

◇他グループの考えを取り入れ，前時の実験と関係付けながら空気の通り道（見方）を考慮した開け方へと，考えを更新していく。

（柳　哲平）

Chapter2
7つの資質・能力を教科で育む

生活科
自己と関わる生活科学習

1 生活科の本質

　生活科の究極的な目標は「自立し生活を豊かにしていく」ことである。この「自立」の度合いを高めるためには，自分の成長への気付きが必要不可欠である。したがって，教科学習のすべてがこの点につながることが生活科の特徴である。また，生活科を学ぶ低学年特有の見方・考え方として，思考と表現が一体化していること，対象を自分との関わりで捉えることが考えられる。この見方・考え方を生かして対象との関わりと表現を一体化させて繰り返し，主体的・対話的に学ぶことが生活科の魅力であり，醍醐味である。

2 生活科で顕在化させたい資質・能力

❶関わる力（ふかめる力，みきわめる力，つながる力）

　身近な対象に主体的・対話的に関わる学習を繰り返すことで，子供たちは汎用的な関わる力を高める。対象から受けた刺激に対して表面的に反応するのではなく，思考を伴い，対象に豊かに向き合っていくことが大切である。

❷自分の成長への気付き（ふりかえる力）

　具体的な活動や体験，思考や表現に取り組む過程で，子供たちには自分への問いかけ（自己内対話）が生まれる。自己内対話を通して，子供たちは対象と自分の両方に繰り返し関わり，自己を更新していく。この自己の更新への実感（自分の成長への気付き）は，達成感や成就感を生み，学びに向かう力や更なる成長を願う心につながる。

3 資質・能力を顕在化させる授業デザイン

❶「直接働きかける活動」と「表現する活動」を繰り返す探究的な学習過程

　生活科の学習では，見たり触れたり育てたりする等，対象に直接働きかける活動と，そのような活動を言葉や絵等で表現する活動が行われる。したがって，これらの活動が相互に高め合うように関連付けることで，子供たちの関わりの質や気付きの質を高め，資質・能力の育成につなげる必要がある。思考と表現を一体化させながら学ぶ低学年の子供たちにとって有効であるように，対象に直接働きかける活動と表現する活動を繰り返しながら学ぶ学習のデザインが求められる。

❷自らの考えを広げ深める，対話的な学びを生みだす協働の在り方

　生活科における子供たちにとっては，身近な仲間もまた，関わる対象といえる。自分の思いや気付きの交流は，気付きの広がりや深まりを生み，学習を豊かにする。また，達成感や成就感，自分の成長への気付きの獲得には，他者からの承認が有効に働く。学習の対象への関わりと同様に，一方向的ではなく，思いのやりとりができる対話的な学びを生みだしたい。

❸内容（9）を軸にした学習活動から，自分の成長を捉える内省の在り方

　「自立し生活を豊かにしていく」ためには，身の回りの対象だけではなく，自分自身とも豊かに関わることが必要である。複数の内容を組み合わせて単元を構成する生活科においては，どの単元でも「（9）自分の成長」につながるように学びをデザインしたい。

　また，低学年の子供たちには，過去を想起したり，現在の自分を客観視したりすることが難しいため，具体的な手掛かりを与えることが有効である。仲間から称賛されたり，絵や文，写真を振り返ったり，幼稚園児と関わったりすることを手掛かりに，自分の成長を感じさせたい。具体的な手掛かりを学習に位置付けた，自分の成長の実感につながる授業デザインが必要である。

第2学年 「(4) 公共物や公共施設の利用 等」

授業事例1

いいところいっぱい！ 大切にしよう みんなの公園～あったらいいな！ こんな公園 ぼくのわたしの公園づくりシミュレート～

顕在化させたい資質・能力　◇ふかめる力　◇みきわめる力　◇つながる力　◇ふりかえる力

1 自ら関わり，仲間と取り組む学習のデザイン

　子供たちにとって身近かつ魅力的な「公園」を学習の対象とし，身近な公園から関わる人へ，そして公園のもつ公共性や自分自身へと対象を広げられるように単元を構成する。タブレット型PCを活用した身近な公園調べや，ビデオレターをきっかけとした「公園づくりシミュレーション」により，活動の必然性を生みだし，思いや願いを持って活動する姿，豊かに仲間と関わる姿の実現につなげる。

2 活動を通して自己と関わり，自己を更新する学習のデザイン

　身近な公園や仲間との関わりを通して，子供たちは対象と自己に繰り返し関わり，自己を更新していく。身近な公園調べや「公園づくりシミュレーション」の活動を通して，自分と公園の関わりを捉え直し，公園への思いや公共施設の使い方の変化など，子供たちが自己を更新できるようにする。また，公園に関わる人や仲間から認められることで，達成感や成就感が感じられるようにし，自分の成長への実感や学びへ向かう姿の実現につなげる。

3 学習目標

　自分にとって身近な公園を調べたり，「いいところいっぱい！」の公園づくりをシミュレートしたりすることを通して，公園の遊具や施設，利用する人や支える人について考えることができ，公園に込められた願いや公共性に気付き，それらを大切にしようという思いを持つことができるようにする。

4 学習評価

知識及び技能	思考力・判断力・表現力等	主体的に学習に向かう態度
・公園や公園にあるものは，みんなのためにあることに気付いている。 ・身の回りにはみんなのための施設があることや，それらを支えている人がいること，費用がかかっていることが分かり，そこに込められた思いに気付いている。	・施設を利用したり写真を撮影したりすることを通して，公園にある公共物に込められた願いや工夫について考えることができる。 ・公園づくりシミュレーションを通して，利用者や支える人，費用について考えを深め，自分と公園の関わりを捉え直している。	・公園のよさを実感し，親しみを持って関わろうとしている。 ・身近な公園調べや公園づくりシミュレーションを通して，公園や公園にある遊具や施設，利用する人や支える人と関わり，公共施設を大切に利用しようとしている。

5 学習計画（全13時間）

第1次　いいところいっぱい！　わたしの公園（2時間）
・夏休みに撮影した，自分にとって身近な「いつもの公園」で遊ぶ写真を用いて，公園との関わりを中心に思い出を振り返る。
第2次　もっと知りたい！　わたしの公園（5時間）
・学校の近くの公園に出かけ，タブレット型PCで施設や遊具を撮影する。
・タブレット型PCを持ち帰り，「いつもの公園」の施設や遊具を撮影する。
◎撮影してきた写真について交流し，自分と公園との関わりを捉え直す。
・再度，「いつもの公園」を調べ，写真や気付きを交流する。
第3次　あったらいいな！　こんな公園　ぼくのわたしの公園づくりシミュレート（4時間）
・公園緑地課からのビデオレターをきっかけに，新たな課題を獲得する。
◎公園づくりカタログを使い，公園づくりシミュレーションに取り組む。
第4次　とってもすごい！　みんなの公園（2時間）
・完成させた公園について話し合い，認め合う。
・ビデオレターの出演者やゲストティーチャーに向けて，完成させた公園のことを伝えるために，ビデオレターの作成に取り組む。

6 第5時間 「公園の写真を見て『いいところ』の写真を選ぼう」

1. 自分や周りの人にとっての価値を問い直せるように，写真を選択する活動を設ける。

   > タブレットで集めた公園の写真の中から，「いいところ」だと思う写真を選んで，自分のフォルダに集めよう。

   ◇「選択」には自己内対話が伴う。「いいところ」の基準で写真を選択させることで自分自身への問いかけを生み，遊具や施設の価値に迫り，自分と公園の関わりを捉え直す機会とする。

2. 写真に込めた思いについて交流する活動を設定することで，他者の表現をきっかけに，自分と公園との関わりを捉え直せるようにする。

   ◇写真に込めた思いを語ることにより，他者に表現することを通して無自覚な気付きが自覚化されるため，自分の公園に向ける思いや公園との関わりを捉え直すことができる。

   写真に込めた思いを伝え合う

   □★他者の表現に触れることで，気付きの広がりや，自分の気付きとの関連付けが起こり，自分の気付きが更新されるため，気付きの質を高めることができる。

3. 撮りためた写真をもう一度眺め，これから撮影したいところを考える時間を設けることで，公園との関わりを更新できるようにする。

   ◇繰り返し関わる場を保障し，気付きが次の活動に生きるようにすることで，活動と表現が相互作用的に高まり，自己の更新につながる。

7 第10時間 「『いいところ』いっぱいの公園を作ろう」

1. 市の緑地公園課に協力を依頼して作成した，課題を投げかけるビデオレターを示し，必然性のある活動を生みだす。

ビデオレターから思いや願いが生まれる

2. 遊具や施設のカードやタブレット型PCを操作できるように場を整えることで，公園へ向ける思いを込めて話し合えるようにする。

設置する施設と場所を話し合う

3. ゲストティーチャーに活動を認めてもらうことで達成感や成就感を実感できるようにする。

○★本物の職員からの「お願い」として投げかけることで，子供たちの思いや願いを方向付ける。ビデオレターの中に，公共性の獲得のために押さえたい要素をちりばめることで，話し合いの視点を獲得させることができる。活動で用いるカードを「公園カタログ」としてビデオ中で示すと，子供たちの思考がつながる。

□☆使用する施設やその配置の話し合いに乗せて，公園への思いや「公共」に関わる思考が語られる。つまり，グループで１つの公園を完成させる過程が，個人の価値観の交流であり，対話である。それぞれのカードに値段を設定することで，財政的な観点を加えることもできる。

◇自分の成長に気付くためには，達成感や成就感の獲得が鍵になる。仲間と話し合えたことを肯定的に捉えられるようにする。

(西嶋　良)

Chapter2
7つの資質・能力を教科で育む

音楽科

「楽しさ」や「感動」を共につくりだす音楽科学習

1 音楽科の本質

　表現や鑑賞の活動を通して，音楽の「よさ」や「美しさ」を追求することにより得られる「楽しさ」や「感動」，それらを体感することこそが，音楽科学習の醍醐味であり，大きな目標である。

　さらに，友達と共に音楽を味わったり，表現したりする中で，「楽しさ」や「感動」は一層膨らむ。音楽が，心で感じ心を動かす力や，人と人とをつなげる力をもっているからである。子供たちが音楽のよさや面白さ，美しさに触れ，音楽に対する感性を磨き，豊かな情操を培うことを目指したい。

2 音楽科で顕在化させたい資質・能力

❶音楽を介してつながる力（つながる力）

　複数で演奏する場合，演奏者は互いの音を聴き合って音楽をつくっていく。一方で聴き手は，音楽作品のよさや美しさに加え，演奏者の思いや意図を受け止めて味わっている。このように，言語を介することなく互いの心に思いを寄せ，感動を共有することを大切にしたい。

❷よりよい音楽を追求する力（つくりだす力）

　音楽表現の形態や音色，速度，強弱等に唯一の正解はない。それまでの学習を踏まえ，思いや意図を持ちながら，互いに認め合って試行錯誤する中で，よりよい音楽表現をつくりだせる。再現が難しい「音」による表現だからこそ，様々な工夫を進んで試し，よりよい表現を生みだせるようにしたい。

3 資質・能力を顕在化させる授業デザイン

❶音や音楽で試行錯誤する探究的な学習過程

　学習のスタートは「どうすればみんなで楽しむことができるか」「どうすればよりよい音楽になるか」などの問いを学級全体で共有し，ゴールイメージを形成することである。そのことにより，考えを出し合い，試行錯誤しながら，より楽しいより感動のある音楽をつくっていくという学習の流れが子供たちから生まれる。それまでの学習で培った「音楽の引き出し」（〔共通事項〕等）を明らかにすることで，単に「楽しい」のではなく，よりよい音楽をつくりだすことの「楽しさ」や「感動」を追求していくようにする。
　併せて，授業の初めには，帯の時間としてリズム遊び等の素地活動を取り入れる。音で表現することをたくさん経験して親しみながら，よりよい音楽を追求していくために必要となる基礎的な力を身に付けるようにしたい。

❷聴く・聴き合う協働の在り方

　友達と共に活動することが自然と多くなる音楽科だからこそ，集団の中で一人一人が認められた実感を得ることを大切にしたい。また，友達と一緒に学ぶ上では，相手の声や音を「聴く」ことが欠かせない。そこで，子供たちが互いの表現を「聴きたい」と思えるように，場の設定を工夫し，交流による表現の高まりを実感できるようにしたい。

❸高まりや広がりを実感する内省の在り方

　「楽しさ」や「感動」を実感し，その時間の学びを共有し認め合う場を設定する。その際，必要に応じて教師が具体的に価値付けるようにする。言葉で言い表しにくい「楽しさ」や「感動」を，演奏という形で再現することも，音楽科としての振り返りの場となる。子供が「わたしたちの表現（聴き方）がよくなったな」という実感を得ることを大切にしたい。

第2学年 「音を合わせて楽しもう」　　　　　　　　　　　　　　授業事例1

わたしたちの「汽車の音楽」をつくろう

顕在化させたい資質・能力　◇つながる力　◇つくりだす力

1 「ここが好き」から始まる わたしたちの音楽

　日常生活において音楽を聴くことや演奏することは，本来，任意の活動である。好きな音楽を聴きたいときだけ聴き，歌いたいときに歌いたいところだけを口ずさむのが，自然な音楽との接し方であろう。

　子供たちにとっても，音楽学習が「やってみたい」と思えるものであるようにしたい。本題材においては，子供たちが楽曲に出会ったときの「この部分は汽車が駅に着いたみたいで面白い」「いろんな音を組み合わせて伴奏するのが楽しそう」等，「ここが好き」と感じることが，「もう一度聴いてみたい」「うまく音が合うように演奏したい」という意欲につながる。

　その上で「どうして，駅に着いたような感じがするのかな」「どうしたら，打楽器の音が歌と合うのかな」という子供たちの問いをもとにして音楽のひみつを探ることが，音楽科における探究だと考える。

2 学校における音楽科学習のよさは，友達と学ぶことにある

　音楽科においては，協働学習が「ない」ことの方が不自然だ。歴史上の音楽のほぼすべてが，聴き手の存在を想定している。また，演奏者はしばしば複数である。音楽活動は，もともと協働的なものだ。

　本題材でも，友達の演奏や発言から，自分では気が付かなかった工夫を知ったり，客観的なアドバイスを得たりする場を大切にする。その中で子供たちの聴き方や表現の工夫が高まるだろう。

　また，グループで演奏する場合には，演奏をしながら互いの音を聴き合う必要がある。音を合わせることに必然性を感じ，合わせることのよさや喜びを体感しながら学習することができるようにしたい。

3 学習目標

　曲想を生みだす音楽の構造のうち，いろいろな楽器の音色が組み合わさっていることに気付いて聴いたり，自分の思いに合った表現をするために，音色に気を付けて音楽表現をつくりだしたり，互いの楽器の音を聴いて音を合わせ，友達とつながって演奏したりする。

4 学習評価

知識及び技能	思考力・判断力・表現力等	主体的に学習に向かう態度
・音楽から思いうかべられる様子と，音色や速度，反復などの関わりに気付くとともに，表したい音楽表現をするために，音を合わせることを中心に，必要な技能を身に付ける。	・表したい音楽表現について思いを持ち，友達と音色を組み合わせて，曲の楽しさを見いだしながら聴いたり，いろいろな楽器の音色に気を付けて表現したりする。	・互いの歌声や音を聴きながら，友達と一緒に工夫して表現する学習に，進んで取り組んでいる。

5 学習計画（全4時間）

第1次　楽器の音に気を付けて「しゅっぱつ」をきこう（1時間）
(教材：「出発」プロコフィエフ作曲)
◎曲想をもとに，演奏している楽器の音色に気付いて聴く。
第2次　思いうかべたようすをもとに，音を組み合わせて「汽車は　走る」
　　　　をえんそうしよう（3時間）
(教材：「汽車は　走る」岡本敏明作詞・作曲)
・2拍子を感じ取りながら，「汽車は　走る」を軽快な歌い方で歌う。
◎「汽車は　走る」に合う打楽器やリズムを選び，歌と合わせて演奏する。
・互いのグループの演奏を聴き合い，自分たちの表現を高め合って演奏する。

6 第1時間 「ようすを思いうかべながら『しゅっぱつ』を きこう」

1. 曲名が「しゅっぱつ」であることを知らせ，プロコフィエフの「出発」をかける。

 ○曲名だけを知らせることにより，「何が『出発』するのかな」という興味を引きだす。

2. 汽車を描写していることへの気付きを共有し，「どんなところを走っているのか」を想像するよう促す。また，そう思った根拠を音楽の中から見付けだすよう促す。

 ○□「聴き手によって答えが変わる」「着目した部分によって答えが変わる」問いであるため，自分なりの答えが見付かった後も，「ほかにもないかな」「友達はどう感じたのかな」と，考えが深められる。

```
・町の中　都会
・いなか
・トンネル
・鉄橋
・草のところ　草原　芝生
・坂
・駅
・海
```
「こんなところを走っていると思うよ」という意見の例

 □★互いの意見を確かめ合うために楽曲を聴き，「なるほど」「そう感じる友達もいるんだ」と認め合うことを大切にする。その中で，互いの考えを受け入れる姿勢を育てていく。

3. 意見を共有し，確かめるために何度も聴き，いろいろな音色等が曲想を生みだしていることを押さえる。

 ◇気付いたことを「音楽で確かめる」ことにより，学びが単なる知識ではなく，実感を伴ったものになり，表現の活動においても生かせるものとなる。

7　第3時間 「『汽車は 走る』に合う楽きやリズムを えらんで，歌と合わせてえんそうしよう」

1. 思いうかべた汽車の様子をもとに，「汽車は 走る」の伴奏を各グループで工夫して演奏するようにする。

カードの場面ごとに表現を変えたり，つなげて一つの作品にしたりする

2. 中間発表をし，よいところを見付け合ったり，よりよい工夫を考えたりする場を設ける。

よいところを見付け合って自分たちの表現を高め合う

3. 再度，グループで音楽表現の工夫をしながら，伴奏部分を演奏するよう促す。

○☆子供たちがそれぞれの思いをもとに音楽表現を工夫できるようにする。試行錯誤ができる場を設定することで，失敗を気にすることなく学習に向かえるようにする。

○☆イラストのカードを用意することで，表したい様子のイメージを膨らませるヒントとする。

□友達の演奏を聴くことで，自分と同じような音楽表現をしていた子を手本として学び合うとともに，自分とは異なる音楽表現をしている子の発想にも触れることができるようにする。

◇友達に表現を認められることで自信を持ち，アドバイスをもとに，今後への見通しを持つ。

◇音楽表現を通して，本時の学習内容を振り返る。

（矢吹　雄介）

第4学年 「拍の流れにのってリズムを感じ取ろう」

授業事例2

友達とリズムでつながろう

顕在化させたい資質・能力　◇つながる力　◇つくりだす力

1　友達と共に感じる心地よさ

　友達と一緒に拍の流れを共有して，ぴったりと合わせて演奏できたとき，言葉では表現できないような楽しさや心地よさを感じることができる。それは決して一人の演奏では感じることのできない感覚であり，また繰り返しその心地よさを味わいたいと追い求めたくなるような音楽ならではの感覚である。その心地よさは，音楽を介して，人とつながっている喜びを感じることに通じる。本題材の音楽づくりの学習では，学級のみんなで，共通のイメージを大切にして一体感を感じながら，ぴったり合わせられるリズムを求めてリズムアンサンブルをつくる。また，毎回の授業の始まりには，学級のみんなで大きな円をつくり，拍の流れを共有して楽しむ活動も大切にしてきている。また合奏唱の学習では，ラテン系音楽独特のリズムをみんなで共有して楽しむことを目指す。

2　自分たちで決めたゴールに向かって

　教材のよさを感じ取り，「こんな音楽を目指したい」という憧れを抱き，学級のみんなでその憧れを共通理解して，学習のゴール（目標）を決める。それは，教師から与えられた目標ではなく，自分たちが目指すゴールを自分たちで決定することで，主体的に「もっと○○するとよいのでは」「次は○○してみよう」とみんなでゴールに向かって追求していく力につながると考える。

　本題材では，「4年い組物語」をつくること，「4年い組バージョン『いろんな木の実』」を演奏することを目当てに，みんなで自分たちの音楽を聴き合い，評価し合いながら，ゴールに向かって追求していく。

3 学習目標

　音楽の仕組みを生かして言葉のリズムアンサンブルをつくったり，拍子やリズムを感じ取りながら，拍の流れにのって演奏したりする活動を通して，グループや学級全体の友達と共に表現する楽しさや喜びを味わう。

4 学習評価

知識及び技能	思考力・判断力・表現力等	主体的に学習に向かう態度
・反復・変化などを生かして，音楽づくりをしている。 ・打楽器の音色やリズムからラテン系音楽の楽しさを感じながら歌ったり，演奏したりしている。	・イメージに合う表現に対して，思いや意図を持っている。 ・ラテン系音楽に合う歌い方や打楽器の奏法について考え，表現に対する思いや意図を持っている。	・グループや学級の友達と一緒にリズムアンサンブルをつくったり，ラテンのリズムに合わせて演奏したりする活動に進んで取り組む。

5 学習計画（全10時間）

第1次　早口言葉で楽しもう（3時間）
・早口言葉で合わせよう。　・友達とつなげてみよう。
・学級のみんなで早口言葉を楽しもう。
第2次　リズムアンサンブルでつながろう（3時間）
・4文字の言葉であそぼう。
◎友達と「4年い組物語リズムアンサンブル」をつくってみよう。
・学級のみんなで「4年い組物語リズムアンサンブル」をつくりあげよう。
第3次　ラテンのリズムに合わせてつながろう（4時間）
（教材：「いろんな木の実」「ブラジル」）
◎リズムの特徴を感じ取って「いろんな木の実」を歌おう。
・リズムの特徴を感じ取って「ブラジル」を聴こう。
・「いろんな木の実」に合うリズム伴奏を考えよう。
・学級のみんなで「いろんな木の実」をリズム伴奏に合わせて歌おう。

6 第5時間 「4年い組物語 リズムアンサンブルをつくろう」

1. 習慣に倣い，クラスのみんなで意見を出し合いながら，目当てと学習方法を決定する場をつくる。

2. ペアで4小節・グループで8小節のリズムアンサンブルをつくるという見通しを持ち，ゴールに向かえるようにする。

ペアでリズムをたたきながら，試行錯誤している様子

3. グループのつくったリズムアンサンブルをクラス全体で演奏して学習を振り返る場を設定する。

□「4年い組物語」という設定が，自分たちにしかできない，仲間との協働への意欲をかきたてる。

○★4年い組で生き物を大切に飼っているA児の考案した「かなへび」を例に取り上げ，音楽に向かいにくいA児のつくりたい意欲をかき立てる。

◇○4文字言葉をつなぎ合わせると，どんな素敵な音楽が出来上がるのか，学習のゴールをイメージさせることで，つくりたい思いを膨らませる。

□☆音楽的構造の理解が難しい児童にも，ペアやグループで行うことで，つくりながら理解したり，色別のマグネットを貼ることで，初めは偶発的にリズムアンサンブルができたりすることを期待する。

◇聴き役をつくることで，客観的に自分たちの音楽を振り返る。

◇音楽的な構造に気付く児童を認め価値付けしていく。

7　第7時間　「ラテンのリズムを感じて『いろんな木の実』を歌おう」

1. 教科書指導用CDを聴いて『いろんな木の実』の特徴やよさを共有し，みんなで目当てを決定する場をつくる。

2. どのように歌うとゴールイメージに近づくかをみんなで練り合いながら何度も歌うようにする。

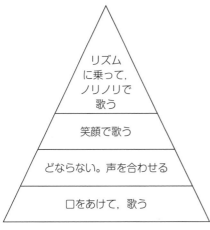

ゴールに向かって，自分たちで考えた改善点を共通理解し，達成度を評価し合うための表示

3. 今日の自分たちの歌声を振り返ることで，学びを確かなものにする。

○楽曲の様々なよさを感じ取ることで，「こんな演奏がしたい」という憧れを持ち，学習のゴールをイメージして，学習に向かう思いを膨らませる。

◇○子供たちが考えた改善点を分かりやすく提示し，どのように歌うことが，楽曲のよさや特徴を表すことになるのかを共通理解できるようにする。

◇★『いろんな木の実』に出てくる木のイラストを提示し，目標に近づくと，いろんな木の実が実る設定にすることで，自分たちの歌声を評価し合い，振り返るようになる。

◇子供たちが考えた改善点を分かりやすく提示し，どのように歌うことが，楽曲のよさや特徴を表すことになるのかを共通理解できるようにする。

□☆自分たちが歌う中で気付き，発見できたことを学習のまとめとして振り返り，達成感を味わえるようにする。

（三野　環美）

第5学年　「曲想を感じながら演奏しよう」

授業事例3

ろ組バージョン
「キリマンジャロ」の合奏をしよう

顕在化させたい資質・能力　◇つながる力　◇つくりだす力

1　イメージを共有して演奏する

　楽曲を表現するとき，楽譜通りに演奏するだけでは音楽は完成しない。そこに表現者の思いや意図が感じられるとき，初めて音楽は他者へと伝わる力を持ち，感動を生みだす。思いや意図は人によって異なり，その受け止め方も人によってまちまちである。しかし，異なり曖昧で不安定であるからこそ，多種多様な解釈が生まれ，広がりをもって受け入れられるとも考えられる。

　本題材では，子供たちが表現への思いや意図を持つための出発点として，原曲と比較して聴く活動を取り入れる。比較をしながら聴くことで，楽曲の構造を理解するとともに，曖昧なイメージが言語化できたり，原曲の持つ独自性から触発された発想が生まれたりする。イメージがそのまま表現に直結するものばかりではないが，一人一人微妙に異なる思いや意図を一つのまとまりとして結び付ける効果はあるのではないかと考える。

2　「表現」をつくりだすための「聴く」活動

　自らの表現（output）を豊かにするためには，他の表現を味わうこと（input）も欠かせない。本題材では，鑑賞教材に限らず，題材を通して様々な「聴く」場面を設けるようにする。

　例えば，小グループに分かれて演奏の練習をするとき，各グループがそれぞれに演奏をすると，演奏回数は多くできるが，音楽室に雑多な音が混在してしまい，質の高い追求活動はできない。1グループずつ順番に演奏することで，演奏回数は減るが，自分たちの表現した音楽を聴き味わうことができるとともに，自分たちが演奏していないときには自然と他グループの演奏を耳にすることもでき，互いの表現を磨くためのよい刺激となるだろう。

3 学習目標

　曲想にふさわしい表現を工夫して，思いや意図を持って演奏をつくりだしたり，曲想とその変化を感じ取りながら，楽曲の構造に気を付けて聴く中で，音楽を介して楽曲とつながったりしている。

4 学習評価

知識及び技能	思考力・判断力・表現力等	主体的に学習に向かう態度
・リズムや主な旋律の反復，変化などを聴き取り，それらが速度や強弱と関わり合って生みだすよさや面白さを感じ取りながら，楽曲の構造を理解して聴いている。 ・互いの音，リズムや旋律の重なり，反復と変化を聴き合い，曲想の変化を味わいながら演奏している。	・曲想とその変化から，想像したことや感じ取ったことを言葉などで表している。 ・互いの楽器の音，リズムや旋律の重なりを聴き取り，それらが生みだすよさを感じ取りながら，曲想の変化に合う表現を工夫し，どのように演奏するか，思いや意図を持っている。	・互いの楽器の音，リズムや旋律の重なり，反復や変化に興味関心を持ち，曲想の変化に応じた表現の工夫をしながら合奏する学習に主体的に取り組もうとしている。 ・音や音楽によるコミュニケーションを図りながら，友達と音楽表現を工夫する楽しさを味わっている。

5 学習計画（全7時間）

第1次　曲想の移り変わりを感じ取りながら聴こう（2時間）
（教材：「威風堂々第1番」エルガー作曲）
・曲想とその変化を感じ取って聴き，楽曲の構造を理解する。
・オーケストラの響きを味わい，楽曲のよさについて紹介し合う。
第2次　曲想を生かして合奏しよう（5時間）
（教材：「キリマンジャロ」橋本祥路編曲）
◎曲全体の感じをつかみ，主な旋律を演奏する。
・楽器や旋律の特徴を生かして，鍵盤楽器や打楽器のパートを演奏する。
・工夫したいポイントごとの小グループに分かれ，表現の仕方を工夫する。
◎共有するイメージごとに集まり，表現の仕方を工夫する。
・互いの表現を聴き合いながら，合奏をする。

6　第3時間 「原曲を聴き，演奏のイメージを膨らませよう」

1. 教科書指導用CDのピアノ伴奏に合わせて主な旋律を演奏し，教材曲との出会いの場をつくる。

◇旋律の前半部分のはずんだ感じと後半部分のなめらかな感じを強調した演奏をし，前時の鑑賞教材での学びとつなげる。

2. リコーダーや鍵盤ハーモニカで主な旋律を演奏する活動を通して，合奏への意欲を高める。

○☆旋律の反復や楽器同士の掛け合いの仕方を確かめながら演奏する中で，演奏が苦手な子供も「できそうだ」「面白そうだ」という意欲が持てるようにする。

3. 原曲「KILIMANJARO」（クスコによる演奏）を聴かせて，曲から感じ取ったイメージを問う。

□★どんな発言でも，感じ取ったことを自由に出し合いながら，個々のイメージを全体で共有する。

似たイメージをグルーピングして整理する

○原曲は変化が少なく，同じ旋律が繰り返し演奏される。単調に感じた子供の発言を取り上げ，「もっと変化をつけて演奏したい」という課題へとつなげていく。

4. オリジナルの演奏「ろ組バージョンのキリマンジャロ」を考えるという課題を提示し，工夫できそうなポイントを整理する。

◇共有したイメージや表現の工夫を整理し，「どんな演奏にしたいか」を考える手掛かりとする。

7 第6時間 「イメージにふさわしい演奏にしよう」

1. 前時の学習を振り返り，本時の学習課題へつなげる。

> 子供たちが想起したイメージ
> ・ぼうけん　・山登り　・森の中
> 工夫したいポイント
> ・リズム　・音の重なり　・音色

2. イメージチームごとに演奏する中で得た，よりよい音楽にするための工夫について，感じたことを交流したり，気付いたことを記録したりする場を設定する。

演奏の工夫をボードに書き込み視覚化する

3. 各チームの演奏を聴き合い，それぞれのよさを認め合うとともに，次時に向けて，「曲全体のまとまり」という視点を示す。

○前時，ポイントごとの小グループで工夫した演奏を合わせて，イメージにふさわしい演奏を目指す。

□◇各々が考えてきた演奏の工夫をチーム全体で試すことで，新たなよさや改善点が生まれる。それらを互いに助言し合う中で，自分たちの思いや意図に沿った演奏を生みだしていくことができる。

○◇☆主旋律とピアノ伴奏の入った音源を用いて1チームずつ演奏することで，音が混在する不快感を軽減する。また，チーム内の音が聴き取りやすくなるので，演奏の工夫による変化が感じ取れる。さらに，他チームの演奏が聞こえてくるので，自チームの演奏と比べながらよさを追求することができる。

◇チームの特色を生かした演奏順を考えることで，「ろ組バージョン」の完成に近付いていく。

（吉村　里音）

Chapter2
7つの資質・能力を教科で育む

> 図画工作科

多様な表現を楽しみ,自分なりの意味や価値観をつくりだす図画工作科学習

1 図画工作科の本質

　図画工作科の学習は,「自らの感性や想像力を働かせながら表現や鑑賞の活動を行い,つくりだす喜びを味わう」ものである。そして,子供の情意の調和的な発達をねらいとして「豊かな情操を培う」ことを目標としている。表現や鑑賞の際,子供は感覚や行為を通して,自分にとっての意味や価値をつくりだしていく。これは,同時に,自分自身をつくりだしていることでもある。また,身の回りには形や色があふれており,それらと豊かに関わることが楽しく豊かな生活を創造することにつながる。造形学習は人間形成の重要な基礎を担うと同時に,生活を支える創造性へとつながる教科なのである。

2 図画工作科で顕在化させたい資質・能力

❶新しい意味や価値を創造していく力(つくりだす力)

　創造性を重視する図画工作科において,子供が心の中に像をつくりだしたり,全体的な感じや情景を思い浮かべたりしながら,活動や作品をつくりだすことは,自分にとっての意味や価値をつくりだすことである。子供の創造性それ自体が生活,社会をつくりだす視点につながることを大切にしたい。

❷自己決定を繰り返し,自己実現していく力(ととのえる力)

　表現過程において,自己決定力が常に求められたり,自分と向き合いじっくり追求してやり遂げる場があったりと,自己実現に向けた活動が多岐にわたっている。加えて,表現を通して,粘り強さや自己肯定感が獲得されていく。それゆえに,図画工作科の学習は,様々な事物との関わり方の獲得につながり,困難に直面しても乗り越え,未来を切り開いていく力に生かされるのである。

3 資質・能力を顕在化させる授業デザイン

❶表現の質を高める探究的な学習過程

　まずは,「やってみたい!」「こうしたい!」など,子供の感じたことや材料に自ら働きかけていく姿を大切にしたい。こうして得た気付きを友達と共有したり,表現と対話したりすることで,表現の質を高めることが可能になり,その子の「知識」として習得されていく。自分らしい表現を追求していく姿や,形や色を粘り強く表していこうとする姿,そして,表現したことへの納得と満足感が持てる子供の姿に創造的,かつ探究的な学びを求めていきたい。

❷友達の多様な表現に触れて気付きを生みだす協働の在り方

　子供の表現過程において,そこには自分たちのつくりだした形や色などを介した友達とのコミュニケーションがある。図画工作科では,自分の表現を行いながらも,そこに友達との交流や共有が加わることで,共通のものを見いだしたり,互いのよさに共感したりしながら,新たな自分の表現や活動が生まれていく。授業においては,鑑賞活動や共同製作を適宜取り入れ,「造形的な視点」を手掛かりにした友達との対話を通して,試行錯誤しながら多様な表現を生みだせる子供を育てるとともに,表現の質を高めるために共に表現を追求し続ける学習を展開していくことを大切にしたい。

❸友達の表現から自分の表現を見つめる内省の在り方

　友達との交流や鑑賞活動,共同で表現する活動を通して,自分の表現の見つめ直しを行うことは,自己の表現の変容のみならず,思いやアイディアの広がりにつながる。つまり,交流や鑑賞活動を効果的に取り入れることで,新たな視点から表現の見つめ直しが行われ,気付いたことからさらに追求する学びが生みだされる授業デザインが必要である。

第1学年 「造形遊び」　　　　　　　　　　　　　　　　　　授業事例1

センタくんのおねがい

顕在化させたい資質・能力　◇つくりだす力　◇ととのえる力

1　試行錯誤による自己との対話

　低学年の子供たちは形や色・材料などに自ら働きかけ，表したいことを見付け，それを表す方法を考えながら，材料などに働きかけるという，行ったり戻ったりして活動をする特徴がある。そのため，子供たちがつくりながら考えたり，結果にこだわらずに様々な方法を試したり，次々と活動が展開したりできるように，発想に合わせて簡単につくり変えることができるような洗濯ばさみを材料に設定する。

　何度も繰り返し並べたり，組み合わせたりと，自己と対話しながら試行錯誤する過程を大切にすることで，自分なりの表現への納得や満足感が持てるような姿の実現につなげる。

2　新しくつくりだすために必要な材料の量と場の設定

　「3個の洗濯ばさみでいろいろな形ができたから，次は10個でやってみよう」「次はもっと多い数でやってみたいな」というように子供たちは自然と材料との関わりを深めていく。そのため，子供たちが自由に発想を膨らませ，新しいものをつくりだせるように，「十分活動できる材料の量」と「自由に活動できる場の広さ」を設定する。また，友達の表現を見てヒントを得たり，一緒に共同でつくったりする中で，思いを膨らませることも多い。そのため，友達と自然に交流できるような場や教師との関わりを大切にしながら学習を進められるように単元を構成する。

　「やってみたい！　こうしてみたい！」という子供の思いを大切にし，自分にとって「いいな」と思えるものをつくりだせるような姿の実現につなげる。

3　学習目標

　洗濯ばさみの形状やカラフルな色から発想を膨らませ，並べたり，組み合わせたりする活動を通して，表したいことを見付け，それを表す方法を考えながら活動を楽しむことができる。

4　学習評価

知識及び技能	思考力・判断力・表現力等	主体的に学習に向かう態度
・洗濯ばさみを用いて，並べたり，組み合わせたりする方法を工夫している。	・洗濯ばさみを用いて，並べたり組み合わせたりしながら，いろいろな形や色の組み合わせを思い付いている。	・洗濯ばさみを組み合わせて何かに見立てたり，きれいに並べたりする面白さや美しさに気付き，活動を楽しもうとしている。

5　学習計画（全5時間）

第1次　どんな並べ方や組み合わせ方ができるか試してみよう（2時間）
・センタ君が変身したいというお願いを聞き，活動の見通しと活動への意欲を持つ。
◎3～10個の洗濯ばさみの並べ方や組み合わせ方をたくさん見付ける。
第2次　センタ君の話を聞いて，洗濯ばさみをいろいろな形に変えよう
　　　　（2時間）
・3500個の洗濯ばさみを使って，並べたり，組み合わせたりしながら，活動を楽しむ。
◎友達の活動や作品を参考にしながら，表したいことを見付けたり，様々な方法を試したりする。
第3次　思い付いたことや作品を紹介しよう（1時間）
・自分や友達の思い付いたことや作品を紹介する中で，お互いの活動のよさや作品の面白さに気付く。

6　第1, 2時間　「どんな並べ方や組み合わせ方ができるか試してみよう」

1. センタ君が変身したいというお願いを伝え、活動の見通しと活動への意欲を持たせる。
2. 3個の洗濯ばさみを使って何種類の形ができるか試す中で、材料に浸る時間を設ける。

どんな組み合わせができるかな？

3. 「もっと多くの数でやってみたい」という子供の思いをきっかけに、いろいろな形に挑戦できる時間を設ける。

やった！　試してみると、立たせることができたよ！　他の形でもできるかやってみよう！

○材料を擬人化することで材料や活動に対する思いを生みだす。

○◇可能性を探らせるため、数を制限（初めは3つ）して材料とじっくり関わる時間を保障する。

◇☆何度もつくり変えることができる洗濯ばさみを材料にすることで、安心感を持って様々な方法を試してみようという思いが生まれる。

□○それぞれが試したことを全体で共有することで、子供たちが次の活動へのヒントにしたり、「数を増やしてみたい」という思いを持ったりすることができる。

○◇子供たちがつくりながら考えたり、様々な方法を試したりする活動の過程を大切にすることで、自分なりの表現への納得や満足感を持つことができる。

7　第3，4時間　「たくさんのセンタ君を使って いろいろな形をつくってみよう」

1. 3500個のセンタ君との素敵な出会いから，いろいろな形をつくってみたいという意欲を持たせる。

見て見て！　こんな凄いのできちゃった！

2. 自由に友達の活動や作品と交流できる場を設定することで，表したいことを見付けたり，様々な方法を試したりできるようにする。

動物さんがいっぱいできたから，みんなで素敵な動物園にしたよ！

○◇数個の洗濯ばさみでも，たくさんの並べ方や組み合わせ方があることを視覚的に振り返ることで，本時で試したい形やイメージへのきっかけにする。

○□十分活動できる材料の量を用意することで，自由に発想を膨らませたり，友達と一緒に活動したりできる。

◇色別に使える洗濯ばさみを分けて置くことで，色にこだわりを持たせる。

□★自由に交流ができる広さを設定することで，友達と関わり合って活動することができる。

□活動が停滞している子供には友達のアイディアに触れさせたり，教師と一緒に活動したりして，活動のきっかけをつくる。

（小橋　良平）

第4学年 「立体に表す」　　　　　　　　　　　　　授業事例2

マイDOGUをつくろう

顕在化させたい資質・能力　◇つくりだす力　◇ととのえる力

1　形づくりの視点を明らかにし、よさを共有できる環境づくり

　本題材を通して、子供たちに育成したい資質・能力は、「既習を活用し、表現を自分らしく高めていける力」である。4年生の締めくくりの時期になると、作品の出来映えを気にしだし、自分の表現に自信が持てなくなる児童が増えてくる。そんな変化の中においても、それぞれの「らしさ」を認め合い、自分らしい表現を大切にして追求する力が必要であると考えた。

　資質・能力を顕在化させる手立てとして、今回はオリジナルの土偶づくりを行う。土偶は、その歴史的価値から国宝や重要文化財に指定されており、その独特な形には思わず見入ってしまう。表現を自分らしく高めていくためには、表現のどこにこだわるかを、子供たち自身が見付けていないといけない。そこで表現に入る前に、様々な土偶を鑑賞する活動を仕組むことで、土偶の造形的なよさを子供たち自らが見付け、一人一人が形づくりに生かせると考えた。また、素材は土粘土を扱う。土粘土は可塑性が高く、試行錯誤しながらつくることが可能である。子供たちは就学前から継続的に土粘土に触れてきているため、これまでの経験を思いだしながら製作に取り組むことができる。題材は、土偶をアレンジした「マイDOGUをつくろう」である。マイDOGUの定義を「手足・顔と思われる部分がある、人のような形」とすることで、既存の土偶にとらわれずに表現に幅を持たせた。マイDOGUをつくるにあたっては、子供たちが見付けた土偶の造形的なよさを、形づくりの視点としてカードにしておく。毎時間、カードの視点に沿って自己評価することで、形づくりを追求できるようにした。また、共通の視点があることで、造形的な根拠を明らかにしてよさを交流することができると考えた。

2 学習目標

様々な土偶の形や模様から自分の表したい「マイDOGU」の形を思い付き，土粘土の特性を生かしてどのように表していくかを考え，自分らしい形や模様で表現することができる。

3 学習評価

知識及び技能	思考力・判断力・表現力等	主体的に学習に向かう態度
・土粘土の特性を生かして，自分らしい形や模様で表している。	・様々な土偶の形や模様から発想を広げて，土粘土との関わりの中で，自分の表したい形や模様を追求している。	・いろいろな形づくりを試しながら，マイDOGUの形や模様を工夫しようとしている。

4 学習計画（全7時間）

第1次　土偶を見てみよう（1時間）
◎土偶のレプリカを鑑賞し，土偶に名前を付けるとしたらどのような名前がいいかを考え，発表し合う。
第2次　マイDOGUをつくろう（5時間）
・土粘土の塊から，「DOGUのもと」（ベースとなる人型）をつくる。
◎マイDOGUの形を「いろいろな形」「ポーズ」「表情」「+α」の視点でパワーアップさせる。
・マイDOGUの模様をパワーアップさせる。
第3次　マイDOGUたちの声を聴こう（1時間）
・出来上がったマイDOGUから，どのような声が聴こえてくるか話し合い，会話を吹きだしで表す。

5 第1時間 「縄文人がつくった土偶に名前を付けよう」

1. 形が特徴的な土偶のレプリカを見せ，活動への意欲を引きだす。

土偶の表情について話し合っている

2. 「形を手掛かりにして土偶に名前を付けよう」と呼びかけることで，土偶の形に着目させる。

3. 根拠を示しながら，付けた名前を交流させることで，様々な形への気付きを引きだす。

考えた土偶の名前を交流し合っている

○土偶のレプリカを手に取らせながら見せることで，いろいろな角度から形の面白さに気付けるようにする。

◇☆様々な角度から撮影した土偶の写真をワークシートに載せておき，なぜその土偶の名前を付けたのかを書き込ませることで，形を根拠に名前を付けることを意識させる。

□★様々な形への気付きを引きだすために，「どの形に着目したのか」「その形からどういう意味付けを行ったのか」ということを明らかにしながら交流させる。

○□子供たちの気付きを，「いろいろな形」「ポーズ」「表情」の視点で分けて整理していくことで，製作時の形づくりにつなげていけるようにする。

6 第5時間 「マイDOGUの形をパワーアップさせよう」

1. 土偶のいろいろな形を想起させることで、形づくりに生かせるようにする。

2. 「一部の形を変える」「ポーズをつくる」「表情をつくる」の3点を形づくりの視点として意識させることで、パワーアップするところを具体的に意識できるようにする。

3. 「いろいろな形」「ポーズ」「表情」「(自分で考えたポイント)」の4点から、表現の振り返りをさせることで、自分の表現を見つめ直し、さらに高めていけるようにする。

○☆1枚の大きなシートに形への気付きをまとめて掲示しておくことで、視覚的に振り返ることができるようにする。

◇子供たち一人一人の表し方について、「一部の形を変える」「ポーズをつくる」「表情をつくる」視点で前回からパワーアップした表現を見取り、価値付けを行うことで、さらに形づくりの視点を意識できるようにする。

□★グループ内でお互いに確かめ合えるように、以下のようなカードを用いて振り返らせる。

ふりかえりのポイント	パワーアップ度
いろいろな形	☆☆☆☆☆
ポーズ	☆☆☆☆☆
表情	☆☆☆☆☆
(自分で考えたポイント)	☆☆☆☆☆
もよう	☆☆☆☆☆

完成時を5点満点とし、今どこまで到達しているのか☆に色を塗る

振り返り後、より細かな表情をつくっている

(木村　仁)

第6学年 「絵に表す」

12歳, わたしのメッセージ

授業事例3

顕在化させたい資質・能力　◇つくりだす力　◇ととのえる力

1　思いを「伝える」ための視点や見方を広げ自分に問いかける

　本学習は, 小学校の卒業を前にした子供たちが, 今の自分の心の中を見つめ, 心の記録を自画像として未来に残していくものである。自画像は, 心の内面について考え表現していくものであり, 6年間一生懸命に頑張ってきた自分, そして, 未来に向けて希望を持って進んでいく自分をじっくり見つめ表現させていく。子供たちが, 12歳の心の記録として, 自画像に表したいことを見付け, その思いを「伝える」ために自分の心に問いかけながら, 「今伝えたいこと」をどのように工夫し表していくかを学習の柱とする。

　その際, 次の2つの視点から子供の「創造的かつ探究的な学び」を図る。

　一つ目は, 自らの内面を見つめ表現していくに当たって, 子供たちが自尊心や誇りを持ち, 自己肯定感を高めることである。図画工作科の学習では, 子供たちの肯定的な思いやイメージに軸を置きながら, 自分なりのこだわりや粘り強さを持って表現に向かうことが, 表現の質を高める上で大切になる。12歳の自画像を表す上で, 「今までの自分」「今の自分」「これからの自分」について丁寧に向き合い, 一つの線, 一つの形, 一つの色にも自分の思いや考えが込められると, それらが集まって一つの表現になることを考えさせる。そのために, 表現に必要な資料（記念写真, ポートフォリオ, 愛用品等）を活用し, 製作手順等の見通しを持ちながら探究させていきたい。

　二つ目は, これまでの学習で習得した用具の使い方や表現技法を生かし, 表していく過程において, 「本当にこの色や線でよいのか」と自己対話を繰り返し, 表現の更新を自覚することである。授業においては, 自分の心のどこに焦点を当てた作品なのか, そのメッセージの意味は何なのか, メッセー

ジを表すための表現上の工夫はどこなのかなどについて，考え表したことを友達と交流する。子供たちは課題を共有する中で，友達の手がけていることや考えからも様々なことを感じ取り，一人一人の表現にフィードバックされていくのである。このように，「創造的かつ探究的な学び」には，相互の学びのよさに気付いて共有し合うこと，そして，自画像に主体的に関わり課題を解決していく個々の力が大切になってくる。指導の際には，子供たちが試行錯誤し工夫を生かして卒業の記念になる自画像を考え求めていく姿を期待し，子供たちの納得や自己肯定感が得られる学習を展開できるようにする。

2 学習目標

　自分の姿を鏡や写真で観察する活動を通して，様々な描画材の特徴やよさを生かしながら構図や色の使い方を工夫し，自画像を描くことができる。

3 学習評価

知識及び技能	思考力・判断力・表現力等	主体的に学習に向かう態度
・表現方法に応じて水彩絵の具や描画材を活用し，これまでの経験や技能を生かしたり，組み合わせたりしながら，重なりや動きなど，表し方を工夫している。	・自分のつくり上げたイメージが表れるような形や色，構成の美しさなどの感じを考え，どのように主題を表すかについて考え表している。	・描画材を試し，様々な表現方法を試みながら自分のイメージを表そうとしている。 ・これまでの形や色に関する知識を，新しく獲得された知識と組み合わせて，新たな表現方法を探ろうとしている。

4 学習計画（全10時間）

第1次　「今までの自分」「今の自分」「これからの自分」について，自分の
　　　　心の中を見つめ，絵に表すテーマを決める（2時間）
◎心のどの部分を表すのか，学校生活に限らず，日常の中からも探る。
第2次　テーマに合った表現技法で，「12歳の自画像」を製作する（7時間）
◎自分の表したいことに合わせて，表現方法を考える。
第3次　交流する視点をもとに，互いの作品を鑑賞する。（1時間）

5 第1時間 「現在・過去・未来について，自分の心の中を見つめ，絵に表すテーマを決めよう」

1. 卒業の記念になる自画像を表すに当たって，子供の内にあるものを呼び起こすきっかけをつくり，表現意欲を高める。
2. 「今までの自分」と「今の自分」と「これからの自分」について，自分の心の中を見つめさせ，自画像に表すテーマを決定できるようにする。
3. 自分のテーマに合った表現技法を考えさせ，製作に必要なものや手順を計画する場を設ける。

○☆子供にとっての意味を膨らませ，表現への意欲をかりたてるような話し合いの場を持つ。
○自分の心のどの部分を絵に表して残すのか，自分としっかり向き合いながら決めさせる。
○学校生活に限らず，日常生活の中からもテーマを探れるよう支援していく。
○自分の決めたテーマに沿うよう，これまでに学習した技法や描画材を生かしながら表現できるようにする（フロッタージュ・マーブリング・スクラッチ・ローラー・スパッタリング等）。
○コラージュ等の新しい技法を紹介したり，意識的で誠実な表現，事実に忠実な表現，雰囲気や感情を大切にした表現等を紹介したりして，製作計画を立てる際の参考になるようにする。
○自分の決めたテーマに合った表現に必要な資料を洗いだせるようにする。

思いや発想につながる技法を追求

6　第4時間　「自分のイメージを伝えるための画面構成を考えよう」

1. 前時までの表現について交流することで，他者の表現をきっかけに，自分の表現への気付きが増えるようにする。

2. 伝えたいイメージに向かって，自分の思いに合う表現を見付けながら描いていけるようにする。

中心が引き立つように画面構成を工夫

3. 描きだした自分たちの表しを見つめ，そのよさや工夫について捉えられるようにする。

□表現を共有する中で，イメージを伝えるための画面構成等，画面をどのように組み立てると自分の思いが表せ，人に伝えていけるのか捉え直す機会とする。

○☆表し方についての参考作品を用意し，視覚的に分かるように示すことで，活動への見通しが持てるようにする。

□★友達の考えもヒントとするために，鑑賞活動や付箋を用いた交流を取り入れる。

○描画材の使い方を工夫して，表したい画面の中心がはっきりとするよう意識しながら描けるようにする。

○交流や鑑賞活動で得た知識や経験として持っている知識を生かして活動の見通しを持つとともに，全体の表れに注目しながら活動を進めるように働きかける。

◇部分的なところばかりにとらわれず，全体的に見つめ直し，画面と対話ができるようにする。

（山田　和美）

Chapter2
7つの資質・能力を教科で育む

家庭科
「よりよくしたい」という願いを形にできる家庭科学習

1 家庭科の本質

　人は，家族や友達，地域の人など様々な人々と共に生き，共に生活する中で，自分の居場所を見付け，「こんな生活がしたい」という願いを持つようになる。その願いを形にするため，より豊かな生活を送るために必要な知識及び技能を身に付け，生活を楽しんだり，よりよくしようとしたりする心情や態度を育む教科が家庭科である。衣食住などに関する実践的・体験的な活動や問題解決的な学習を通して，自分や家族，身近な人々のためにできることを増やし，家庭生活で実践する力を身に付けることを目指す。子供自身が家庭生活を見つめ直し，実践を重ねることによって，家庭や地域社会での自分の役割を知り，家族や地域社会の一員として豊かに生活していくことができる。

2 家庭科で顕在化させたい資質・能力

❶自立を目指し，よりよい家庭生活を実践する力（つながる力）

　家庭科で顕在化させたい力は，「自分の身の回りにいる人々と協働する中で，その存在を大切にし，共に生きる力（人とつながる力）」と「変わりゆく社会に対応しながら，自分や家族に合った生活を見いだす力（未来とつながる力）」である。衣食住の大切さは，大人になって気が付くこともある。その時に，様々な人との「つながり」から得た知識や経験・見方を通して，自分や家族に合ったよりよい生活を見いだしていける力を家庭科学習で身に付けていきたい。

3 資質・能力を顕在化させる授業デザイン

❶願いをもとに,自らが設定する探究的な学習過程

　自分や家族,身近な人々の生活を見つめ直し,日常生活の身の回りのことや物に対して,疑問に感じたことやよりよく変えたい,より豊かにしたいと思うことを取り上げ,課題を設定する。その課題を解決することで,自分や家族の生活がよりよく変わっていくかもしれないという期待を学習意欲に変えていく。その時に,子供自身が自分や家族の生活から見えてきた身近な課題を設定することが大切であると考える。「自分のための課題設定」はもちろん,「家族のために」「○○さんのために」という相手意識を生かした課題を設定する。誰かのために考えたオリジナルレシピや作品を交流できる場を設けることで,自分だけでなく,相手もよりよい生活が送れるように工夫をこらし,学習したことを実生活に生かしていくことができるようにしたい。

❷家庭生活をよりよくする協働の在り方

　他者との話し合いを重視することで,自分がこれまで行ってきたことや考えていたことがただ一つの方法ではなく,様々な方法があることに気が付くことができる。また,実際の家庭生活を意識した衣食住に関する実践を行うことにも重点を置く。実践を通して,子供たちは様々な役割を分担し,責任を持って自分の役割を達成することの喜びを実感できる。これは,実生活において家族や地域の一員として自分の役割を見いだすことにつながる。他者と共に生活することや働くことに喜びを感じることができるようにしたい。

❸成長を自覚し,自立につなげる内省の在り方

　家庭科は,「2年間における変容を実感する大きな振り返り」と「毎時間・各題材における活動を見つめ直す小さな振り返り」とがある。学校で学習したことを家庭や地域で実践したり,家庭や地域で実践したことを学校で共有したりする中で,自分の成長を確かめることができるようにしたい。

第6学年 「共に生きる生活」　　　　　　　　　　　　　　　授業事例1

感謝の気持ちを伝える
プレゼントづくり

顕在化させたい資質・能力　◇つながる力

1　願いを形にできる探究と協働・内省

　家庭科学習を深めるためには，子供が持つ「やりたい」「できるようになりたい」という強い願いが大切になる。そこで，どの題材でも学習の初めは，子供たちに「この学習で何ができるようになりたいか」について考えさせることをしている。

　今回の「感謝の気持ちを込めた物づくり」では，さらに「相手のために」という大きな目当ての下，どのような工夫をすれば相手が喜んでくれるか考え，そのために必要な知識や技能を身に付けることに重点を置く。また，子供がつくりたいものを実現させるためには，何が必要で，どのように進めればよいかを自分自身で計画できるように，一人一人が自分に合った学習展開を企てるようにする。子供たちが自分にできることを明確にし，足りない力は何かを明らかにすることで，「これをつくりたいから〇〇の力が必要だ」というように，自らの力を見極め，学習を進めることができると考える。

　そして，「感謝の気持ちを形にする」というA領域を根幹に置きつつ，裁縫の知識や技能を高めるB領域と，材料を購入したり，余った布を再利用したりするC領域とを織り交ぜることで深みのある学習にしたい。丈夫で長持ちする物づくりや余り布の活用，材料の購入などを通して，より日常的な家庭生活を意識した学びを得ることができるであろう。さらに，材料やつくり方，環境面など様々な工夫を考える機会を与えることで，より豊かな家庭生活を送ることができるようになるのではないか。これらのことを通して，自分が日頃お世話になっている人に対して感謝する態度を育成し，手づくりのよさを体感することができるように，学習を展開していく。

2 学習目標

　相手が喜ぶプレゼントをつくるために必要な知識及び技能，時間配分などを考え計画を立てて制作することを通して，自ら課題を設定し，友達と協力しながら，作品をつくり上げる。

3 学習評価

知識及び技能	思考力・判断力・表現力等	主体的に学習に向かう態度
・使う目的や材料によってつくり方を考え，計画を立てて布製のプレゼントをつくることができる。	・つくろうとしている物の形や大きさ，つくり方などを調べ，プレゼントする人に合わせたつくり方の工夫を考えている。	・日頃お世話になっている人の存在に感謝し，その人のためによりよい物をプレゼントしようとしている。

4 学習計画（全9時間）

第1次　布製品の魅力を知り，喜んでもらえるプレゼントを考える（2時間）
・様々な布製品を比較し，どのような魅力があるか知る。
・日頃，お世話になっている人が喜んでくれる布製品を考える。
第2次　喜んでもらえるプレゼントを作る計画を考える（2時間）
・制作に必要になる基本的な縫い方を復習する。
◎プレゼントづくりに必要な材料や知識や技能，時間配分などを計画する。
第3次　工夫を実現できるようにプレゼントをつくる（5時間）
◎新聞紙で簡単な作品をつくり，イメージを持つ。
・新聞紙でイメージしたことをもとに，布でプレゼントを制作する。
・計画やイメージをもとに，布でプレゼントを制作する。
・ミシンや手縫い，ボタンやポケット付けなど今まで培ってきた知識や技能を用いて，布でプレゼントを制作する。

5 第4時間 「今まで学んだことを使って計画を立てよう」

1. どのような手順で制作していくか，必要な物は何か，必要な知識や技能は何か考え，計画を立てさせる。

2. 制作に必要な知識や技能を整理した上で，もう一度，つくるものを練り直す時間をとる。

3. どの時間で何をすればよいか自分に合った計画を立てさせ，子供一人一人に学習計画を立てさせる。

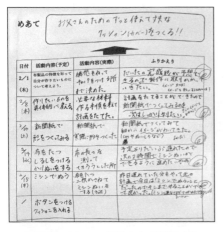

目当てに向かって子供自身が計画する

□ 同じ物を制作する子供同士でグループをつくり，話し合いを進めることで，どんなものが必要か考えやすくなる。

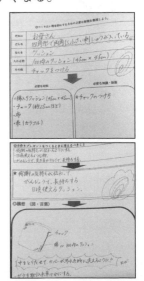

実際に作成するのに必要な物を考える

○ 前時で考えたお世話になっている人へのプレゼントが実際に制作できるか具体的に考えさせることで，空想で終わらせないようにする。

◇ 毎時間ごと振り返りの時間を設けることで，制作中も制作過程を振り返りながら進めることができる。

6 第5時間 「考えた工夫を新聞紙で試してみよう」

1. 新聞紙を布に見立てて,完成形を想像しながら進めさせる。

2. どのようにつくっていくか話し合いながら活動をさせる。

新聞紙で何度も試してみる

3. 何度も試す中で,よりよくするためにどうすればよいか,全体に投げかけることで,よりよいアドバイスをし合えるようにする。

4. 新聞紙で試したことを実際の布でするときに気を付けることを考えさせる。

○計画を立てたプレゼントをよりよくつくるために,何度も試せる新聞紙を用いる。子供たちは新聞紙で試せることで,安心して自分が思い描くプレゼントづくりに没頭することができる。

□同じものをつくる者同士でグループを組むことで,よりよい方法を話し合いながら進めることができる。

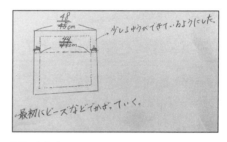

話し合う中で,45cmから48cmにゆとりをもってつくるように考え直した

□グループの仲間と話し合いながら何度も試すことができるので,大きさを変えたり,縫う順番を変えたりすることができ,ぴったりのサイズやぬいしろの大切さに気付くことができる。

(横関 琴絵)

Chapter2
7つの資質・能力を教科で育む

> 体育科

仲間とともに想いやイメージを膨らまし，よりよい動きに表す体育科学習

1 体育科の本質

　子供たちは，「やってみたい」と体を動かす心地よさを楽しみ，やがてよりよい体の使い方や動きの高まりを求めていく。多くの運動や操作感覚との出会いを繰り返し，体の使い方や動き方を探求し，その獲得及び蓄積をしていく。体の使い方や微妙な動きの違いを敏感に捉えるには，個々の身体操作感覚の高まりが必要である。この感覚的な捉えによって，子供たちは，仲間と互いの動きの変容に気付いたり，アドバイスしたりしながら，運動への見方，考え方を豊かにしていく。

2 体育科で顕在化させたい資質・能力

❶自己の認知と体の操作をつなぐ力（ととのえる力）

　出会う運動と自己の運動経験との中で，「できるかもしれない」という運動への期待が学びの発生となる。しかし，その気持ちとは裏腹に，感覚と操作にズレが生じるのが体育科である。これを埋め合わせていくためには，感覚と操作との対話を繰り返していくことが大切である。その中で，自己の動きの変容への気付きを生みだし，より高い身体操作を求めていくようになる。

❷仲間から学ぶ　相手を生かす力，仲間から自己を捉える力（つながる力）

　子供たちは，仲間と運動を楽しんだり，課題の解決方法や技能の高まりへの気付きを共有し合ったりしながら，つながる喜びを味わっていく。また，相手や目標とする動きと自己との動きを比べることで，感覚をより洗練させ，自己の課題に適した解決方法を選び，動きを獲得していく。このように，個から集団へ，集団から個へ学びが広がったり，深まったりしていく。

3 資質・能力を顕在化させる授業デザイン

❶遊びから運動の本質に迫る探究的な学習過程

　まずは子供たちに，運動がもつ特性や魅力を感じ，やってみたいという出会いをつくる。そして，子供たちが身体操作感覚を獲得していくための学びの道筋をつくり，教師は運動の本質に迫っていく学習を構築する。

　そこで，主運動につながる予備運動を重点に置く。予備運動は，主運動への動機付けだけではなく，自己の求めへの手掛かりとなる。予備運動は，主運動へと向かう子供にとっての身構えとならなくてはならない。「～（遊び）ながらできそうな自分」に出会う瞬間にたくさん気付かせ，主運動との距離を縮めていくことで，運動への本質へと引き込んでいくことができる。

❷仲間のよさを感じ，共に動きを高め合う協働の在り方

　運動は，一瞬の中にいくつかの動きが連なって構成されるため，自分の動きを捉えることが難しい。そのため，ねらいにつながる活動や場の条件の下，競争，模倣，練習，戦術やポイントの気付き等を言語化した仲間との関わりを通して，自己の動きが高まったという実感を生みだしていきたい。

　また，仲間の動きを捉えるためには，動きを部分的に観察させたい。そのために，数値・映像・教具等で可視化し，その変容を評価し合うことで互いの動きを高めていきたい。

❸自分の運動する姿を見つめ直す内省の在り方

　できた，できるようになってきたという実感が生まれるのは，自分の動きの何かが変わっているからである。その瞬間を，オノマトペや気付きの対話等，「運動の言葉」として表すことで，理想とする動きと自己との関係性をつないでいく。また，振り返りの場面において，自己の動きの変容及び，その変容を生みだした理由を語る中で，動きが高まる喜びを蓄積していきたい。

第3学年 「走・跳の運動領域　走り幅跳び」　　　　　　　　　**授業事例1**

つながれ！
みんなの大ジャンプ！

顕在化させたい資質・能力　◇ととのえる力　◇つながる力

1　「できそうで，できない」が，自分の動きに意識を向かせる

　ステージからの跳び下り遊びのスリル感に魅了された子供たちは，何度も繰り返す。しかし，この時点ではまだ，子供は自分の体の動きには着目していない。そこで「じゃあ，両足でピッタリ着地できる？」と課題を示す。子供たちは，「簡単！　簡単！　できるよ！」とすぐに動きだす。跳び下りた瞬間，その勢いで身体がふらつき，手を着いてしまう。子供の中で，「あれ？」「おかしいな」と感覚（認知）と身体操作（表現）とのズレが表面化する。「できそうで，できない」「分かっているようで，分からない」という課題設定は，子供たちのチャレンジしたい気持ちを擽る。自分の身体の動きに着目することで，「こうしてみたら，できるのでは？」と学んでいく道筋を見いだすことができる。そうすれば，子供たちは運動を繰り返しながら，自身の身体操作と感覚を近づけようと修正させていく。思考を働かせながら運動を繰り返すことで，「膝を曲げるタイミング！」「膝を使ってクッションにするんだよ」と動きへの気付きが生まれたり，動きの変容を感じたりするようになり，自分の求める動きの再現を可能にさせていく。

2　仲間の思いに寄り添い，互いの学びを高めていく

　「チームで記録を伸ばす」という課題設定が，他者の動きを切実なものにする。うまく踏み切ることのできない仲間に対して，同じチームの子供たちがどうにかできるようにしようと気付きを伝えたり，アドバイスしたりする。アドバイスを受けた子供は仲間に見てもらい，自分の動きを確かめながら運動を繰り返す。このような仲間との関係が他者から自分の学びへとつながる。

3 学習目標

　友達と運動を楽しみながら，幅跳びの強い踏切りや両足での着地を目指して，動きを確かめ合ったり，気付いたことを伝え合ったりし，互いの課題を解決し合うことができる。

4 学習評価

知識及び技能	思考力・判断力・表現力等	主体的に学習に向かう態度
・幅跳びの行い方を知り，短い助走から強く踏み切ったり，空中での姿勢をうまくとったり，膝を柔らかく曲げて両足で着地したりすることができる。	・友達と動きを見合ったり，自分の動きや動きの感覚とすり合わせながら，自分の考えを持ったり，考えを伝え合ったりすることができる。	・自分の目標に向かって運動をしたり，友達と互いに課題を解決しようと協力したり，友達からのアドバイスを受け入れたりしている。

5 学習計画（全6時間）

第1次　両足で着地を決めよう！（1時間）
◎思いきり跳ぶ感覚をつかみ，両足の着地時に柔らかな膝の曲げによって，跳んだときの勢いを和らげることや膝を曲げるタイミングが分かる。

第2次　チーム対抗！　ジャンピングゴルフ！（3時間）
・チームでジャンピングゴルフを行い，仲間を応援したり，励ましたりしながら運動を楽しみ，チームでの記録更新に向かって学習を進めていくことへの見通しを持つ。
◎踏み切りに着目し，強く踏み切るための歩幅やリズムをチームの仲間と動きを見合い，気付いたことを伝え合ったり，アドバイスを行ったりしながら運動を行う。

第3次　つながれ！　みんなの大ジャンプ！（2時間）
・チームの記録更新を目指し，これまでの学びから自分の課題を立て，課題に応じた練習の場を選んで運動を行う。

6　第1時間 「思いっきり跳んで、両足で着地を決めよう！」

1. ステージから跳び下り，思いきり跳んだときに感じる勢いを味わいながら，両足の着地に必要な柔らかい膝の曲げの感覚やタイミングをつかませる。

膝の曲げで勢いを和らげ「ピタッ！」

2. ペアでじゃんけんグリコを行い，競争を生みだすことやルールを設けることで，思いきり跳ぶ気持ちを持たせたり，両足着地を意識できるようにしたりする。

3. じゃんけんグリコをチーム戦で行い，互いに動きを高め合っていけるようにする。

4. 動きや感覚を言語化することで，つかんだことを認識させる。

○ステージ上から跳び下りるスリル感が，子供を運動に引き込み，「ピタッと両足で着地できるかな？」という課題設定により，子供の挑戦したい気持ちを擽ることで，運動欲求を掻き立てる。

☆シンプルな運動遊び，達成目標が，子供が学習への見通しを持つ手助けとなる。

□○友達とのじゃんけんグリコ遊びが，運動をより楽しいものにし，子供を遠くへ跳びたい気持ちへと向かわせていく。

□★チームでの対戦が，仲間への応援や励まし，アドバイスする姿を生み，互いに動きを高め合っていく喜びが感じられる。

◇身体操作感覚の言語化と身体操作の繰り返しが，自分の動く姿を捉えることへとつながり，ととのえる力が顕在化する。

7　第4時間　「強い踏み切りに向かうには？」

1. ペアでじゃんけんグリコを行い，踏み切りや両足着地，膝の曲げのタイミングなどの感覚を呼び覚まさせる。

2. 前時までの有効な学びを集めた「学びの道具箱」を示し，確かめることで，仲間との学び合いのよさを実感できるようにする。

3. チームでジャンピングゴルフを行い，動きの視点を焦点化し，アドバイスをしやすくすることで，仲間との話し合いを仕組む。

4. 気付いたことや考えたことを全体で交流し，考えを広げたり，深めたりする。

5. 全体で共有したことから，分かったことを身体で振り返ることで，認識していることと操作がつながるようにする。

◇★遊びながら，前時までの学びを身体で振り返ることが，自己の課題や求めを明確にする。

○◇踏切りの局面の写真を示し，「踏み切り直前の動きがどうなっているのか」と問いかけることによって，子供たちの「確かめたい」気持ちが動きの探究へと向かわせる。

□☆全体での交流による考えの共有が，他者との学びのよさへの実感につながり，子供を「もっとやってみたい」気持ちにさせる。

分かったことを身体操作で確かめる

（武内　昭遵）

第3学年 「器械運動領域　マット運動」

授業事例2

「より大きく！」
目指せ回転マスター

顕在化させたい資質・能力　◇ととのえる力　◇つながる力

1 "分かる"ことが"できる"につながる

　子供がこんな動きができるようになりたい，こんな姿を目指したいと思い描くためには，まずは自分の現状を正しく把握することが必要である。そこで，タブレット端末を活用して動きをスロー撮影し，自分の動きを自分自身でも確認できるようにした。自分の動きを自分自身で見ることで，できていると思っていたけれど，できていなかった自分への気付きを生みだすとともに，手本となる動画の動きと比較しながら自分の課題が把握できた。またその際に，回転系の技を"はじめ"（着手から頭越しまで）"なか"（頭越しの瞬間）"おわり"（頭越し～立ち上がりまで）の３つの局面に切って見るようにした。「"はじめ"での回転の勢いが出ていなかった」「"なか"で腰が高く上がっていない」など，自身の課題を明確につかむことができ，子供たちの視点やアドバイスもより焦点化・具体化されていった。さらに，学習シートを活用し，技のポイントとなる動きを示しながら，自分や友達の気付き，見付けたコツを書き溜めていくことで，自分や友達の動きの向上につなげる姿が見られた。

2 自分や友達の動きを"見ながら"分析し，交流する

　グループ活動の際にタブレット端末で撮影した動画を用いることで，友達と自分の動きを"見ながら"分析や交流を行うことができた。スロー再生を活用することで，一瞬の動きをより細かく見ることができ，さらに繰り返し再生できることで話し合いのツールとしての利便性は高かった。アドバイス前と後の動画を比較しながら，「"なか"の足の位置がさっきよりも高くできたね」といったピンポイントのアドバイスができていた。

3 学習目標

　前転系や後転系の技を行う中で，自己の能力に適した課題を見付け，友達と課題解決の方法等を伝え合ったりしながら課題解決の仕方を工夫し，回転系の基本的な技の行い方を理解し，回転の勢いや順次接触を意識して基本的な技をすることができる。

4 学習評価

知識及び技能	思考力・判断力・表現力等	主体的に学習に向かう態度
・前転系・後転系の基本的な技の行い方が理解できる。 ・回転の勢いや順次接触を意識して回転系の基本的な技をすることができる。	・自己の能力に適した課題を見付け，課題解決に合った場を選ぶことができる。 ・自分や友達の課題解決の方法等について考えたことを友達に伝えることができる。	・運動を進んで行い，決まりを守って誰とでも仲よく運動している。 ・場や器具の安全に気を付けて運動している。

5 学習計画（全7時間）

第1次　前転系の技を大きくしよう（3時間）
◎オリエンテーションを行い，学習の見通しを持つ。
◎順次接触や足の巻き込みを意識して回転し，前転でしゃがみ立ちができるようになる。
・前転の膝を伸ばすことで腰角を開き，大きな前転や跳び前転につなげる。
第2次　後転系の技を大きくしよう（3時間）
・順次接触と手の押しを意識して，後転でしゃがみ立ちができるようになる。
◎後転の膝を伸ばすことで回転に勢いを付け，開脚後転につなげる。
第3次　前転系・後転系の技を発表しよう（1時間）
・本単元で学習した前転・後転系の技を発表し合うことで，互いのよさを感じたり，友達の動きにヒントを見付けたりすることから自分の動きの向上につなげる。

6 第1時間 「前転でしゃがみ立ちができるようになろう」

1. オリエンテーションを行い，既習内容を確認した上で，学習の見通しを持たせることで，学習への意欲を引きだす。
2. 本時の運動につながる様々な予備運動に取り組ませることで，運動感覚の溜め込みをさせる。

①いぬ歩き ②くま歩き ③アザラシ
④しゃくとりむし ⑤うさぎとび
⑥かえるの足うち ⑦ゆりかご ⑧前転
⑨後転 （本時に合わせて運動を選ぶ）

3. 学習シートや映像資料を活用して確認した手本の動きと自分の動きを友達に見比べてもらうことで，自分の動きへの気付きと交流を生みだす。
4. 予備運動の動きを想起させることで，膝を伸ばすことで生まれた回転の勢いを生かすためにはどのような動きをすればいいか，子供自身が気付くきっかけをつくる。
5. できるようになったこととできなかったことを整理させることで，次時の目当てにつなげる。

○本単元の学習内容を知り，これまでの学習を振り返らせながら学習をイメージさせることで，「もっと○○できるようになりたい」という意欲を生みだし，本単元での自分の目当てを持つことに繋げる。

□◇「もう少し足を高く上げよう」等の具体的なアドバイスをさせ合うことで，友達の動きの向上だけでなく，動きへの理解を深めることができる。

動きを友達と互いに見合い，伝え合う

○★タブレット端末で自分の動きを友達に撮影してもらうことで，自分の動きへの理解が深まる。
◇友達に撮影してもらった自分の動きと手本の動画とを見比べながら自己の課題を把握することで，次時の目当てを明確に持つ。

7 第6時間 「後転をより大きな動きに変えてみよう」

1. 本時の運動につながる予備運動をさせ,様々な感覚を養いながら,学習への意欲を引きだす。

2. 開脚後転の動きのポイントを映像資料や学習シートを使って確認し,自分の動きと比較することで自分の課題をつかませる。

動きを比較することで気付きを生みだす

3. 自分や友達の課題解決のために,場を選んだり運動の行い方を工夫しながらグループの友達とアドバイスし合うことで,互いの動きの向上につなげさせる。

4. 本時の学習で気付いたことを交流する中で友達の課題解決のためのヒントを出し合い,新たな視点に気付かせる。

☆各自の役割分担を明確にし,場の設定や準備の担当を図示したものを掲示しておくことで,スムーズに安心して準備できるようにする。

○◇前時に撮影した自分の試技動画（スロー再生）と映像資料の模範演技を比較させることで,よりピンポイントな視点での自分の動き（課題）への気付きが生まれる。

○□スロー再生を使って局面ごとに友達と動きの分析をすることで,「もっと"はじめ"で勢いをつけた方がいいね」等の具体的なアドバイスが生まれ,それをもとに「それなら坂の場で練習してみよう」と自己の課題に合った解決方法を選んで取り組む姿につながった。

□◇友達の関わりによって動きが変わる経験を通して,「もっと教え合おう」「より伝わる方法を考えよう」とつながる力が高まり,さらには自己有用感も高めることができる。

（岸本　裕司）

第5学年 「器械運動領域　マット運動」

授業事例3

回転技のパス
〔パワー&スピード&つなぐ〕

顕在化させたい資質・能力　◇ととのえる力　◇つながる力

1　自分及び仲間の一瞬の動きの変容に気付かせる

　「以前と比べて，○○がよくなった」と動きの変容に気付いたとき，子供たちは目標に向かう道筋の確かさを実感し，新たな目標に向かって繰り返し練習する意欲を引きだしていくことだろう。しかし，自身や友達の一瞬の動きがどう変容したのかを具体的にとらえることは難しい。そのため，教具を用いて動きを可視化，数値化した評価を通して，友達の動きを見る視点，及び回転中の意識を明確化させた。例えば，後転において順次接触（特にお尻から手を着く動き）中のスピードを持続するために，手に鈴をはめて音を出す早さを意識させたり，つま先裏にカードをつけることで回転後の重心を意識させたりした。また，虹色テープや数値を記入したバーとゴムや新聞紙等，明確な評価を用いることで，以前と比べて動きが高まったことを友達と実感し合えた。視覚を通した変容の認知は，新たな目標とその目標を達成するためのポイントや道筋を具体化するとともに，知識と身体操作とをつなぎ，よりよい動きを求めて夢中となる姿を生みだしていた。

2　気付きを整理し，次の学びにつなぐ振り返り

　夢中となった身体操作の中に，他者との対話がたくさん生まれている。その言葉を自身の動きにつなぐために，外言を選んだり整理したりする思考が大切である。そこで，ホワイトボードを持たせ，アドバイスを自由に書かせた。学習の終末には，順次接触を図で表した掲示用のシートに，溜めた気付きの中から動きの変容につながった言葉を選び，付箋に書いて貼るようにした。それにより，動きの変容とその理由を自覚したり，友達と新たなポイントを生みだしたりと，他者から学ぶ，相手を生かす姿が見られた。

3 学習目標

　自己の能力に応じて課題を設定し，練習の場や必要な教具を選ぶとともに，目指す動きや仲間の動きと比べ，互いに動きのポイントを対話し合って運動することで，安定して技を繰り返したり組み合わせたりすることができる。

4 学習評価

知識及び技能	思考力・判断力・表現力等	主体的に学習に向かう態度
・自己の目当てに適した回転，倒立系の技を，安定して行うことができる。 ・自己の目当てに適した回転，倒立系の技を，繰り返したり組み合わせたりすることができる。	・自己の目当てに適した課題を設定し，その解決の仕方を考えたり，課題に応じた練習の場や段階，教具を選んだりすることができる。 ・課題解決のために生みだした気付きを，言葉や動作で友達に伝えることができる。	・学習に見通しを持ち，意欲的に回転，倒立系の技に取り組んでいる。 ・安全にかつ，仲間と教え合ったり励まし合ったりしながら，練習に取り組んでいる。

5 学習計画（全9時間）

第1次　前転技のパスをしよう（3時間）
◎自分の目当てとした前転技に取り組み，自己の身体操作と仲間や目標とする動きと比べて技のポイント（勢いの持続・腕支持とその方向等）を伝え合い，繰り返す中で動きの変容に気付かせていく。
・ロングマットを用いて様々な前転技を組み合わせる。
第2次　後転技のパスをしよう（3時間）
◎回転の勢いを後半の腕支持へつなぐことに焦点を当てて自分の目当てとした後転技に取り組み，繰り返す中で動きの変容に気付かせていく。
・ロングマットを用いて様々な後転技を組み合わせる。
第3次　前転技，後転技に倒立技を組み合わせたパスをしよう（3時間）
・自分の目当てに適した倒立技にチャレンジさせる。
・今まで取り組んだ技を組み合わせ，超ロングマットで発表し合う。

6　第１時間　「前転技のパス！～目標の技にチャレンジ！～」

1. 様々な場で回転感覚や腕支持の感覚を養い，意欲を引きだす。
2. 「様々な前転技をつなぐために，教具を用いて動きの変化を伝え合い，技を高めよう」と目的とその方法を明確に捉えさせる。
3. 各自の目当てに応じた場を用意し，グループ学習を生かし繰り返して練習することで，他者からの学びを生みだす。

跳ぶ前のトンの勢いで高さが生まれた

回転の勢いが増して橙色まで足が開いた

4. よりよいアドバイスという視点で拡大シートに整理しながら，気付きを共有させていく。

○積み上げたマットや跳び箱からの前転，壁を用いた補助倒立，ゴムを跳び越す前転等のコースを友達と楽しむ中で，自己の動きを意識し，「もっと○○したい！」と運動欲求が生まれる。

○ゴムや虹色テープ等で高さや幅の認識を明確にすることで，他者や自己の変容に気付きやすくなり，伝えたい気持ちが高まっていく。

★「○○を見てほしい」と動く子と「○○で見よう」と見る子の役割から見る視点を明確につなぐ。

□「水にとびこむイメージ」「回る直前まで足を伸ばし，すぐに体を丸くしよう」など，教具を用いた互いの動きの評価を通して，身体操作感覚の気付きが生まれる。

◇よりよいアドバイスという視点が自己の変容の要因を他者につなぐ認知を生みだす。

7 第5時間 「後転技のパス！～つなぎにこだわろう！～」

1. 様々な場で回転感覚や腕支持の感覚を養い，意欲を引きだす。

2. 「スピードと腕支持の力をつなぐと，つま先に重心がかかる着地や膝の伸びが生まれる」という子供の気付きを後転につなぎ，手に鈴をはめて音の早さによる動きの変容を見付けさせる。

3. 技ごとに場及び教具を用意し，友達と動きを見合い，互いの動きの変容の対話を通して，気付きと技能とをつなげる。

新聞紙を用いてスピードと腕支持のタイミングをつなぐ

4. 今まで溜めた動きをロングマットで組み合わせる。互いの動きの変容を見合い，その理由を交流させる。

◇坂マット，足で高いボールキック等を楽しむ中で，「スピードと腕支持の力をつなげよう」と身体操作感覚の気付きが生まれる。

○「鈴を早く鳴らすと，足が伸びてきた」と，鈴をはめることでスピードを順次接触につなげ，伸膝後転や後転倒立では新聞を破ること，開脚後転では虹色テープでより足を開くことで，お尻から手を着く動きへと勢いが持続していることに気付き，様々な技に挑戦していく。

□「鈴の音の早さや位置で，動きが変わるよ」「足を伸ばし手でグッと押すことで，つま先に重心を乗せて新聞を蹴ることができるよ」と，教具を用いて互いに動きの評価が生まれる。

◇技の組み合わせを楽しみつつ，友達と変容を共有し合い，ととのえる力を顕在化させていく。

(田中　大志)

Chapter2
7つの資質・能力を教科で育む

道徳科
「明日見える景色」が変わる道徳科学習

1　道徳科の本質

　道徳科の目標は，誰しもが持っているよりよく生きたいという願いを実現するために，その基盤となる道徳性を養うことである。そのためには，学校での教育活動全体との密接な関連を図りながら，計画的，発展的な指導を行い，道徳的諸価値についての理解をもとに，自己を見つめ，物事を多面的・多角的に考え，自己の生き方についての考えを深める学びを大切にしていかなければならない。そうすることで，子供たちは昨日と同じものを見たときや，同じような場面に出くわしたときに感じ方が変わったり，気付かなかったことに気付いたりしていく。その積み重ねこそ，将来，自己の生き方を考え，主体的な判断の下に行動し，自立した一人の人間として他者と共によりよく生きる明日の自分につながっていくのである。

2　道徳科で顕在化させたい資質・能力

❶自己を見つめる力（ふりかえる力）

　教材の中の主人公やクラスの仲間の考えなど，様々な考え方に出会ったときに，初めて自分がどのような考え方をしているのかや何を大事にしようとしているのかに目を向けることができる。このような，客観的に自己の内面を見つめ，これからの生き方について主体的に考え行動していこうとする力こそ道徳科において顕在化させたい資質・能力だといえる。

　このような力に注目し，自己内対話を繰り返していくことで，考え方が更新され道徳的な判断力や実践意欲と態度の育成につながるのである。

3 資質・能力を顕在化させる授業デザイン

❶「自分のこと」として捉えることから始まる探究的な学習過程

　道徳の時間をより深い学びとするためには，教材や価値判断を「自分のこと」として捉えることが欠かせない。総合的な学習の時間・行事・他教科での経験が，教材とつながるような単元構成を工夫するなど，自分との関わりで考えることで，これまでの自分と結び付けた探究が始まるのである。

❷仲間との対話を通して，様々な価値観と出会う協働の在り方

　より深く自己を見つめる時間にするためには，様々な価値観との出会いを仕組んでいくことが求められる。様々な価値観とは，クラスの仲間一人一人のこれまでの生活経験をよりどころとした考え方である。それらを生かし，共通する話題について自分の思いをはっきりさせて話し合うことが大切だと考える。考えを視覚的に表す工夫を取り入れたり，考えを類型化して板書したりすることで自分との違いが明確になり，「友達と比べたい」「意見を聞きたい」等意識が高まっていく。そこから，考えの相違をペアやグループで話し合う場を設定することで，様々な価値観と出会う協働となるのである。

❸これまでの自分からこれからの自分へとつなげる内省の在り方

　様々なものと出会いながら，子供たちは自己を見つめていく。このような学習活動の中で，役割演技等を取り入れたり，「なぜ，そのように考えたのか？」「どうしてそう思ったのか？」など，切り返し発問をしたりすることにより，立ち止まり，一人一人の考え方や感じ方の根拠に迫っていく。そうすることで，行為は同じだが思いが違う，思いは同じだが行為が違うなど様々な立場が出てくるであろう。そこから，子供たち自身のものの見方，考え方や感じ方に広がりや奥行きが出て「自分のこと」としての学びにつながる。さらに，じっくり考え，書く活動を通して，これまでや今の自分との対話を促すことで，これからの自分の生き方に目を向けていけるのである。

第5学年 「生命の尊さ・規則の尊重」　　　　　　　　　　　授業事例1

命の尊さ「メダカとカダヤシ」

顕在化させたい資質・能力　◇ふりかえる力

1 「自分のこと」として捉えるための他教科との関連

　道徳において，考えを深めるための窓口になるのは教材（資料）である。その教材が身近なものであるとき，より自分のこととして考えることができる。滋賀県に住む子供たちにとって，琵琶湖の外来魚問題は身近な課題であり，外来魚駆除ボックスを目にしたことのある子供も少なくない。さらに，総合的な学習の時間において，琵琶湖をテーマに学習を深めてきた。学習が進み，漁師さんや様々な専門家の方から外来魚の話を伺うことで，琵琶湖での外来魚問題がより深刻化しており，生態系を守るために駆除しなくてはいけないという思いを強くしていた。このような子供たちに対してだからこそ，外来魚を駆除するべきか悩む主人公たちを描いた資料を提示することで，より一人一人が自分の意見を持ち，深く考え始めるきっかけにつながった。

2 「知っているつもり」を揺さぶる発問

　これまでの道徳の学習や日々の生活において，「命は尊いもの」ということはどの子供においても強く認識していることであろう。それと同様，「きまりは守らなくてはいけない」も同じである。そのような認識を揺さぶられるとき，子供は仲間や自分との対話を通して深く考え始める。

　教材「メダカとカダヤシ」は，クラスで飼っているメダカの水槽に，メダカとよく似たカダヤシを入れてしまうという出来事から始まる。カダヤシが外来種であり，飼育することや野外に放つことも法律で禁止されていることを知って，教室は静まりかえるという話だ（荒木紀幸『新モラルジレンマ教材と授業展開』明治図書）。ここで，自分ならカダヤシを駆除できるかどうかを問う。法律を守らなければいけないと分かりつつも，命を奪うという行

為に抵抗を感じる子供は少なくない。そして，自分が悩んで出した意見であればあるほど，「友達はどんな考えを持っているのか？」そして，「なぜそう考えたのか？」という考えを聞き合う意欲にもつながるものだ。さらに外来魚を駆除するという「法律ならば命を奪ってもよいのだろうか」と問う。そこで生まれた考えを交流していくことで，子供自身の中に「命を大切にするとはどういうこと？」「どうしてきまりができたのだろうか？」「外来魚の側から考えると……」などという様々な視点から出た問いをもとに，探究的な学習へとつながっていく姿が生まれることを期待した。

3 学習目標

「カダヤシを駆除すべきかどうか」を判断した理由をもとに話し合うことを通して，法やきまりの意義を理解した上で進んで守ろうとする態度や，かけがえのない命を大切にしていこうとする態度を養う。

4 学習評価

知識及び技能	思考力・判断力・表現力等	主体的に学習に向かう態度
・生命はかけがえのないものであることや，法やきまりの意義を考え，進んでそれらを守ることが大切であるということを理解している。	・生命の尊重や法・きまりの意義について，様々な視点から考えることを通して，自己の生き方についての考えを深めている。	・生命を尊重することや法・きまりの意義を理解し進んで守るということに対して自己を見つめ，生き方についての考えを深めようとしている。

5 学習計画（全2時間）

第1次　自分だったらカダヤシを駆除できるか？（1時間）
◎教材の葛藤状況を知り，自分の考えを持つ。
第2次　カダヤシを駆除できるか？　できないか？　の判断理由をもとに話し合おう（1時間）
◎生命の尊重や法・きまりの意義について，様々な視点から考える。

6　第1時間　「自分だったらカダヤシを駆除できるだろうか？」

1. 下の写真を提示し，写真について知っていることを問うことで，教材や，学習活動への意欲を引きだす。

琵琶湖にある外来魚駆除ボックス

2. 教材を読み，カダヤシが外来種であり駆除しなくてはならないこと，もとは人間が持ち込んだことを共通理解した上で，悩む主人公の気持ちを想像させる。

3. 自分だったら「カダヤシを駆除できる？　できない？」という2つの立場を選択し，判断の理由付けを書かせる。

◇学習前に持っている外来魚へのイメージを出し合うことで，今の自分の考えを想起することにつながる。

○★写真の提示はどの子供にとっても注目しやすいものであり，授業への参加を促すことができる。さらに，写真が身近であったり，意見が言いやすいものであったりすると，学習への意欲付けとして効果的である。

○葛藤する資料中の子供たちの気持ちに寄り添うことで，判断が他人事にならないようにする。

◇☆2つの立場から選択することで「自分はどうだろうか」ということに対してじっくり考えることができる。さらに，一人一人が考えを持ち，次の話し合い活動への意欲的な参加につながる。

7　第2時間　「『カダヤシを駆除できるか？　できないか？』の判断理由をもとに話し合おう」

1. それぞれの判断とその理由について意図的指名をし，様々な価値観に出会えるようにする。

2. 出てきた意見について「きまりなら命を奪ってもいいの？」「命に責任を持つってどういうこと？」等，切り返し発問をすることによって価値について深く考えられるようにする。

3. 本時の学習で，特に考えたことについてじっくり振り返ることができるよう，ワークシートに書く活動を取り入れる。

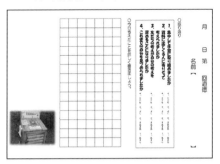

□様々な価値観に出会うことができるよう，判断の根拠を事前に分類し，意図的指名に生かす。

□☆意見の中のキーワードを類型化して板書することで，違いや共通点等に気付くことができるようにする。

○判断理由の中に出てきたキーワードを切り返し発問に生かすことによって，思考の流れがスムーズになる。

○◇意見の矛盾点に注目し，発問することで，より深く考えられるようになる。

○◇カダヤシや法律をつくった人など，様々な立場に立って考えることで，多面的・多角的な見方，考え方の獲得につなげる。

◇前時との考えの深まりや広がりの実感が，「自己を見つめる力」の顕在化につながる。

（北沢　和也）

Chapter2
7つの資質・能力を教科で育む

外国語活動・外国語科

英語で伝え合い，異文化の学びから視野を広げる外国語学習

1　外国語活動・外国語科の本質

　社会や経済のグローバル化が急速に進む中，異なる文化の理解や外国語によるコミュニケーションはますます重要になってきており，今後国際共通語としての英語力の向上は必要不可欠であるといえる。外国語を通じて，「言語や文化に対する体験的な理解」「積極的にコミュニケーションを図ろうとする態度」「外国語の音声や表現への慣れ親しみ」が統合的に育まれたコミュニケーション能力の素地や基礎を養うことが外国語活動・外国語科の存在意義である。

　また，普段使い慣れていない外国語に触れることで，音声の強弱やリズム・ジェスチャーや文化などの違いのほかに，相手の意図を理解しようとしたり，他者に対して自分の思いを伝えたりすることの難しさや大切さを実感する。それらを通して，多様なものの見方や考え方に気付いたり，言葉の面白さや豊かさを自覚したり，国際的な視野を広げたりすることが学習の魅力である。

2　外国語活動・外国語科で顕在化させたい資質・能力

❶相手の気持ちを尊重し，英語で伝え合おうとする力（つたえあう力）

　目的や場面に応じて，相手に配慮し工夫しながらコミュニケーションを図っていく力である。仲間と関わり，目的や場面，相手や状況に合わせて，伝わりやすい表現を工夫したり，相手の思いを理解しようとしたりする方法の獲得は外国語活動・外国語科で顕在化させたい力である。

3 資質・能力を顕在化させる授業デザイン

❶探究的な学習過程を支えるコミュニケーション活動の在り方

　外国語活動・外国語科における子供にとっての探究的な学習とは，自分の意図や思いをどのように表現すれば相手に伝わるか，相手の意図が理解できるかを思考し，追究することである。そのために，自分が伝えたいことをどのように表現するかを考える手立てが必要である。子供にとって興味・関心のあるものや生活に関わる場面を設定したり，魅力的な題材を取り上げたり，相手のことを考えながら課題解決をしていく状況をつくったりする。また，表現の工夫を促すことで，様々なコミュニケーションの方法を，場面に合わせて選択的に選び取っていく探究的な模索ができると考える。

❷コミュニケーションの喜びや表現の工夫に出会うための協働の在り方

　外国語活動・外国語科の学習で，他者と関わることは欠かせない。仲間との対話を通して，コミュニケーションの喜びを味わうためには，仲間と関わりたいという意欲を高めることが大切である。そのために，交流形態を工夫し，言葉を使う必然性のあるやりとりができる場面を仕組むことが有効である。また，単元の時間の工夫も必要である。活動形態に変化をつけ，たっぷりと表現に慣れる時間とともにコミュニケーションの試行錯誤ができる時間を設け，考えや情報を比較・検討して自分の考えを再構築することができる。

❸外国の言語・文化への関心の高まりに気付くための内省の在り方

　外国語による体験的なコミュニケーションを通して，伝え合うことができたという満足感や達成感を多く味わわせ，自信を持たせることが重要である。そのために，前学年や前時よりも表現が豊かになったり，積極的に伝えられるようになったりした自己に気付かせる。自分の考えの変容や課題などに気付かせたり，学習で学んだことや心が動いたこと等を自分の言葉でまとめたりする時間を設定することが，外国語や文化を学ぶ意欲の向上につながる。

第5学年　「What do you want ?」 　　　　　　　授業事例1
Let's coordinate clothes !

顕在化させたい資質・能力　◇つたえあう力

1　魅力的な場面設定や仕組みが，子供を英語好きにする

　衣服や小物を買うという体験は子供たちにとって魅力的なものである。しかし，ただ買い物をするというだけでは，学習に対する値打ちが生まれない。本単元では，「特定の季節にやってみたいことにふさわしいファッションをコーディネートする」という場面設定と，各お店を回り，外国語で自分の欲しい物や色の好みを伝えるという必要感を感じながら，身に付ける物のシールをもらい，コーディネートを完成させるという仕組みを組み合わせる。このことにより，目的意識を持って買い物をすることができ，活動への期待感が高まり，それらが積極的なコミュニケーションを生みだすことで，学習の値打ちが出てくる。また，言葉でのやりとりを活性化するために，売り手側と買い手側の間に，壁を設ける。壁があることで，指差しだけで欲しい物を買う状況を避けるためである。言葉で伝える必然性を与え，「つたえあう力」を顕在化させていく。

2　思考と振り返りがコミュニケーション力を高める

　コミュニケーション力を高めるため，英語を聞く・話す力はもちろん，相手意識を持ち，活動に臨む必要がある。そこで，同色でも異なる種類の服を用意し，在庫がなくなる場面もあえてつくりだす。その結果，「Red が欲しいと言われたけれど，どちらが好きかな」「Yellow のズボンがなくなったが，Green ならどうかな」等と思考し，言葉を選んで話すことで，伝え合う喜びを実感でき，「つたえあう力」をさらに高められる。また振り返りでは，仲間との関わりを通して，よいと思った態度や表現を共有したり，問い返したりすることで，子供の探究を支えていくことができる。

3 学習目標

- 自分の好きな色や服に合わせて，自分の好きなものや欲しいものについて積極的に外国語でコミュニケーションを図り，ファッションコーディネートにふさわしい言葉のやりとりをすることができる。
- 好みの色やファッションについての様々な外国語の言葉や表現を通して，相手を意識し，身近な生活に関わる場面で，外国語で尋ねたり答えたりすることができる。

4 学習評価

知識及び技能	思考力・判断力・表現力等	主体的に学習に向かう態度
・色や服の語彙や表現，文法のきまりを理解することができる。 ・コミュニケーションを円滑にしたり，考えや意図を伝えたりする表現やその役割を理解することができる。	・お店屋さんの場面や状況に応じて，外国語の情報を選択したり抽出したりすることができる。 ・自分の意見や考えを実際に外国語で表現することができる。	・好みの色やファッションについての言葉や表現を使って，自律的・主体的にコミュニケーションを図ろうとしている。

5 学習計画（全5時間）

第1次 色や服の表現に慣れ親しもう！（2時間）
・What do you want？に関わる文の系統性を，分かりやすく明示し，身に付けるものの名前に慣れ親しませる。

第2次 お店を回って，コーディネートをしよう（2時間）
　　　「さわやか！　夏バージョン」「ワクワク！　秋バージョン」
◎各お店を回って，その季節にやりたいことに適したファッションをコーディネートする。

第3次 コーディネートを紹介し合おう（1時間）
◎コーディネートを紹介し合い，感想を伝え合う。

6 第4時間 「ワクワク！ 秋のコーディネートをしてみよう」

1. 秋に自分が行きたい場所に行くためのコーディネートを考えるという課題を示し，コミュニケーション活動への意欲を高める。

2. 各お店を回り，ファッションコーディネートを完成させるという場面を設定し，外国語によるコミュニケーション活動の必然性を生みだす。

「What do you think？」と尋ねる

3. 前時よりも表現が豊かになったり，積極的に伝えられるようになったりした自己に気付かせる。

○衣服や身に付ける物のお店という子供が興味・関心のある題材を扱うことで，相手や状況に合わせて伝わりやすい表現を工夫し探究的な模索をしやすくする。

○□「帽子のお店」「ボトムスのお店」等と分け，数人が店員として常時いるようにすることで，客役は，様々なお店を回り多くの仲間と会話する必然性が出てくる。

> C2: Hello. What do you want？
> C1: I want a T-shirt.
> C2: OK. What color do you want？
> C1: I want a green T-shirt.
> C2:（渡しながら）What do you think？
> C1: I like it. /I don't like it.
> C2: Here you are./（提案しながら）What do you think？
> C1: Thank you./I like it. Thank you.

◇★本時で意識できた自己の成長につながる項目に丸シールを貼り共有することで，個人の成長だけでなく，仲間の成長にも気付く。

7　第5時間「コーディネートを紹介し合おう」

1. 友達のコーディネートの感想を伝え合うために,どんな言葉で伝えたいかを出し合い,自分の言いたい「すてき」が表現できるようにする。
〈good great nice cool pretty 等〉

2. 実際に友達同士でコーディネートを紹介させ合い,相手が喜んでくれそうな「すてき」の伝え方を考えながら,話したり聞いたりするように促す。

> C1: This is my outfit.
> 　　（自分の服装を指差しながら）
> 　　A white hat, a pink shirt, a black skirt, and a brown boots.
> C2: It's nice outfit.
> 　　Where do you want to go?
> C1: I want to go shopping.
> C2: That sounds good.
> 　　OK. I'll show you my coordinate
> 　　…

3. 活動での伝え方を振り返らせることで,次単元への学習意欲を高めるようにする。

○□教師から与えられた語彙だけでなく,自ら表現したい言葉で伝えられるようにするため,日本語,英語を問わず,伝えたい表現を出させる。ALTの助けを借り,伝えたい表現を習得できるようにする。

○★友達に伝える際には,自分のコーディネートについて工夫し分かりやすく紹介するだけでなく,友達の紹介を聞いて相手の喜ぶ「すてき」の伝え方をどうすればよいかを考えさせる。友達のよいところは取り入れるように促す。

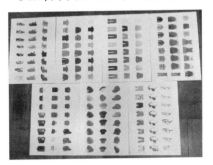

◇体験活動を通した考えの変容や課題などに気付かせ,今後言えるようにしたいことを整理する。

（仲村　晴美）

【引用・参考文献】

〔Chapter 1〕
○7つの資質・能力により自己を形成する子供
・『教育課程の編成に関する基礎研究　報告書7　資質や能力の包括的育成に向けた教育課程の基準の原理』　国立教育政策研究所　2014年
・『資質・能力を育成する教育課程の在り方に関する研究報告書1〜使って育てて21世紀を生き抜くための資質・能力〜』　国立教育政策研究所　2015年
・『平成28年度版　情報通信白書　第1部』　総務省　2016年
・『「資質・能力」と学びのメカニズム』　奈須正裕　東洋館出版社　2017年
・『教科の本質から迫る　コンピテンシー・ベイスの授業づくり』　奈須正裕・江間史明・鶴田清司・齋藤一弥・丹沢哲郎・池田真　図書文化社　2015年
・『幼稚園教育要領解説』　文部科学省　フレーベル館　2018年
・『アクティブ・ラーニング　授業実践の原理　迷わないための視点・基盤・環境』　藤井千春　明治図書出版　2016年

〔Chapter 2〕
○外国語活動・外国語科
・『平成29年度　京都教育大学附属学校研究紀要』　京都教育大学附属桃山小学校ほか　2018年
・『平成29年改訂　小学校教育課程実践講座　外国語活動・外国語』　菅正隆　ぎょうせい　2017年

おわりに

「子供一人一人の資質・能力の芽を見いだし，慈しみ，育んでいく営み」

　私たちは，新学習指導要領の全面実施（2020年）を見据え，子供の「資質・能力」の育成に焦点を当てた研究に，一昨年度から取り組んできました。その過程で「教科の本質」を生かし，子供が「探究」したり，友達と「協働」したり，自ら「内省」したりする「授業づくり」を行うことで，「資質・能力」が大きく伸びる（顕在化する）ことが明らかになってきました。本書では，そのささやかな取組の一端をご紹介できたことと思います。

　本校では「教科の本質」と「個が育つ授業」について，長年実践を積み重ねてきました。その基盤の上に，昨年度より「発達障害の可能性のある児童生徒に対する教科指導法の研究開発（文部科学省委託）」及び「幼児期から児童期への学びをつなぐカリキュラム開発（国立教育政策研究所指定）」にも取り組んでいます。これらの研究は，発達障害と幼児期の育ちという，光を当てる場所こそ違いますが，いずれも「個の育ち」が「資質・能力」を語る上で欠くことができない前提であることを，改めて気付かせてくれます。

　「個の育ち」を温かく丁寧なまなざしで見取ること，その上で子供が「学びを実感できる」授業の創造に挑み続けること，これらが私たちの使命であり，喜びでもあります。

　読者の皆様には，今後も本校の教育研究にご注目くださいますとともに，忌憚のないご批正を賜りますようお願いいたします。

　最後になりましたが，本校の教育実践ならびに本書の刊行にあたり，終始温かいご指導をいただきました藤井千春先生をはじめ，滋賀県教育委員会事務局の先生方，滋賀大学の先生方，明治図書出版株式会社の皆様に厚く御礼申しあげます。

滋賀大学教育学部附属小学校　副校長　西村　喜雄

※本書は，国立大学法人滋賀大学の「教育研究支援基金による出版助成制度」及び「教育学部教育研究特別経費」の助成を受けて刊行しました。

【執筆者一覧】

○はじめに　滋賀大学教育学部附属小学校　校長　磯西　和夫

○Chapter 1
　　　　第１章　早稲田大学教育・総合科学学術院　教授　藤井　千春
　　　　第２章　彦根市立城北小学校　　　　　　　教諭　中川　大介
　　　　　　　　滋賀大学教育学部附属小学校　　　研究部

○Chapter 2
　　　　　　国語科　：　橋詰　加奈　　谷口　映介　　廣田　卓也
　　　　　　社会科　：　西嶋　頼基　　伊勢田　直亮
　　　　　　算数科　：　小西　敦　　　品野　久治　　山内　滋人
　　　　　　理　科　：　柳　哲平
　　　　　　生活科　：　西嶋　良
　　　　　　音楽科　：　矢吹　雄介　　三野　環美　　吉村　里音
　　　　　　図画工作科　：　小橋　良平　　山田　和美　　木村　仁
　　　　　　家庭科　：　横関　琴絵
　　　　　　体育科　：　武内　昭遵　　田中　大志　　岸本　裕司
　　　　　　道徳科　：　北沢　和也
外国語活動・外国語科　：　仲村　晴美

○おわりに　滋賀大学教育学部附属小学校　副校長　西村　喜雄

○表紙デザイン原案　小橋　良平

滋賀大学教育学部附属小学校　研究部（H28〜H30）
研究主任：中川　大介（H28・H29）・柳　哲平（H30）
　　　　小西　敦・伊勢田　直亮・北沢　和也・西嶋　良・三野　環美

【著者紹介】
藤井　千春（ふじい　ちはる）
早稲田大学教育・総合科学学術院教授・博士（教育学）
1958年生まれ。千葉県市川市出身。同志社大学文学部卒業，筑波大学大学院博士課程教育学研究科修了。大阪府立大学総合科学部助手，京都女子大学文学部専任講師，茨城大学教育学部助教授を歴任。
《主な著書》
『主体的・対話的で深い学び　問題解決学習入門』（学芸みらい社）『「問題解決学習」のストラテジー』『問題解決学習で「生きる力」を育てる』『子どもが蘇る問題解決学習の授業原理』『アクティブ・ラーニング　授業実践の原理』（以上明治図書），等

滋賀大学教育学部附属小学校
〒520-0817　滋賀県大津市昭和町10-3
TEL：077（527）5251　FAX：077（527）5259
URL：http://www.fs.shiga-u.ac.jp/
《主な著書》
『ともに学び自ら伸びゆく子どもが育つ授業デザイン』（教育出版）『「確かな学力」を伸ばす学習指導の創造』『「できた」の実感がある学習をつくる』（以上明治図書），等

7つの資質・能力
教科の本質を生かし資質・能力を育てる授業デザイン

2019年2月初版第1刷刊　Ⓒ著　者　藤　井　千　春
　　　　　　　　　　　　　　　滋賀大学教育学部附属小学校
　　　　　　　　　発行者　藤　原　光　政
　　　　　　　　　発行所　明治図書出版株式会社
　　　　　　　　　　　　　http://www.meijitosho.co.jp
　　　　　　　　　（企画）茅野　現（校正）高梨　修
　　　　　　　　　〒114-0023　東京都北区滝野川7-46-1
　　　　　　　　　振替00160-5-151318　電話03（5907）6701
　　　　　　　　　ご注文窓口　電話03（5907）6668

＊検印省略　　　　組版所　広研印刷株式会社
本書の無断コピーは，著作権・出版権にふれます。ご注意ください。

Printed in Japan　　　　　ISBN978-4-18-068026-9
もれなくクーポンがもらえる！読者アンケートはこちらから

小学校 新学習指導要領の展開シリーズ

平成29年版

ラインナップ

編	編著者	図書番号
総則編	無藤　隆 編著	【3277】
国語編	水戸部修治・吉田裕久 編著	【3278】
社会編	北　俊夫・加藤寿朗 編著	【3279】
算数編	齊藤一弥 編著	【3280】
理科編	塚田昭一・八嶋真理子・田村正弘 編著	【3281】
生活編	田村　学 編著	【3282】
音楽編	宮﨑新悟・志民一成 編著	【3283】
図画工作編	阿部宏行・三根和浪 編著	【3284】
家庭編	長澤由喜子 編著	【3285】
体育編	白旗和也 編著	【3286】
外国語編	吉田研作 編著	【3287】
特別の教科 道徳編	永田繁雄 編著	【2711】
外国語活動編	吉田研作 編著	【3288】
総合的な学習編	田村　学 編著	【3289】
特別活動編	杉田　洋 編著	【3290】

A5判
160〜208ページ
各1,800円+税
※特別の教科道徳編のみ1,900円+税

大改訂の（こだわり）**学習指導要領を広く，深く徹底解説**

資質・能力に基づき改編された内容の解説から新しい授業プランまで

明治図書
携帯・スマートフォンからは **明治図書ONLINE** へ　書籍の検索，注文ができます。
http://www.meijitosho.co.jp
＊併記4桁の図書番号でHP，携帯での検索・注文が簡単にできます。
〒114-0023　東京都北区滝野川7-46-1　ご注文窓口　TEL 03-5907-6668　FAX 050-3156-2790